Blick von Norden auf den Gardasee
Lieblingsplatz Bardolino
MUNICIPIO

Traumstraße
Gardesana

BEATE GIACOVELLI

Styria
VERLAG

UNTERWEGS MIT PLAN

Lust auf Entdeckungen oder Hintergrundinfos, Genussmomente oder Naturerlebnis, Kulturgeschichte oder spontane Ideen auf einen Blick? Dann sind Sie hier genau richtig!

ERLEBEN ENTDECKEN

ERLEBEN & ENTDECKEN

19
YOU ARE A PIZZETTA
THE ANSWER IS YES.
CAN LIVE WITHOUT YOU."

KULINARIK & GENIESSEN

ERFORSCHEN & ERFAHREN

AKTIVITÄT & NATUR

KULTUR GESCHICHTE

KULTUR & GESCHICHTE

GARDASEE SPONTAN

RUND UM DEN SEE

→ Die Reihung der Kapitel im Buch folgt von Norden weg dem Seeufer im Uhrzeigersinn. Los geht's!

Für meinen Mann Adriano und meinen Sohn Samuele

Sehnsucht nach dem Süden …

Mehr Sonne, nahezu paradiesische Vegetation, italienisches *Dolce far niente* … Kommen Sie mit an den Lago di Garda, an einen See, der alles hat, was glücklich macht: breite Kiesstrände, verträumte Häfen, quirlige Städtchen mit blumengeschmückten Seepromenaden, liebevoll eingerichtete Museen sowie außergewöhnliche Kirchen und Burgen. Zudem Wander- und Radwege, Felswände zum Klettern, kräftige Winde, die täglich Hunderte Wassersportler über den rund 50 Kilometer langen See pusten, und sogar Skilifte und -pisten auf dem Monte Baldo, dem höchsten Berg am Lago.

Fast ein Jahr lang war ich regelmäßig auf der circa 160 Kilometer langen Gardesana, einer der schönsten Uferstraßen Italiens, rund um den See unterwegs. Meine Wahlheimat Bergamo liegt nur etwa eine Autostunde vom Südufer entfernt. Ich überlegte, worauf es mir bei diesem Buch ankommt, was Ihnen wirklich hilft, „spontan mit Plan" unterwegs zu sein, und sammelte Orte und Geschichten, die mir besonders am Herzen liegen und Ihnen ganz sicher Freude machen.

Haben Sie schon einmal an einem Gläschen rosa funkelndem Chiaretto genippt? Oder ein Kirchlein an einem senkrecht abfallenden Abgrund bewundert? Wissen Sie, auf welchem Radweg man hoch zwischen Himmel und See schwebt? Wo Sie im Sturzflug durch die Luft rasen oder wo Sie mit einem historischen Boot bei einem *aperitivo* in den Sonnenuntergang segeln?

Ich verraten Ihnen, was Sie erwartet, wenn Sie im Ristorante die Trentiner Spezialität Strangolapreti (übersetzt: Priesterwürger) bestellen und welchen Kult-Drink Sie unbedingt probieren müssen. Wo Sie sternegekrönte Gerichte schlemmen und dabei einen phänomenalen Blick auf den See genießen, welches Souvenir zu Hause Urlaubserinnerungen wachruft und welche Orte am Lago meine ganz persönlichen Highlights sind.

Egal, ob Sie den Gardasee schon kennen oder Neuankömmling sind: Reisen Sie mit diesem Buch vorab in Gedanken an den Lago – und seien Sie vor Ort bestens informiert unterwegs.

Buon viaggio, gute Reise!

Beate Giacovelli

NERI
ITALIA
LIMONE
TICKET-OFFICE

Ein Rendezvous
mit dem Gardasee –
zu Wasser, zu Land und
vor gefüllten Tellern

Spontan MIT PLAN

EINTAUCHEN IN DIE REGION

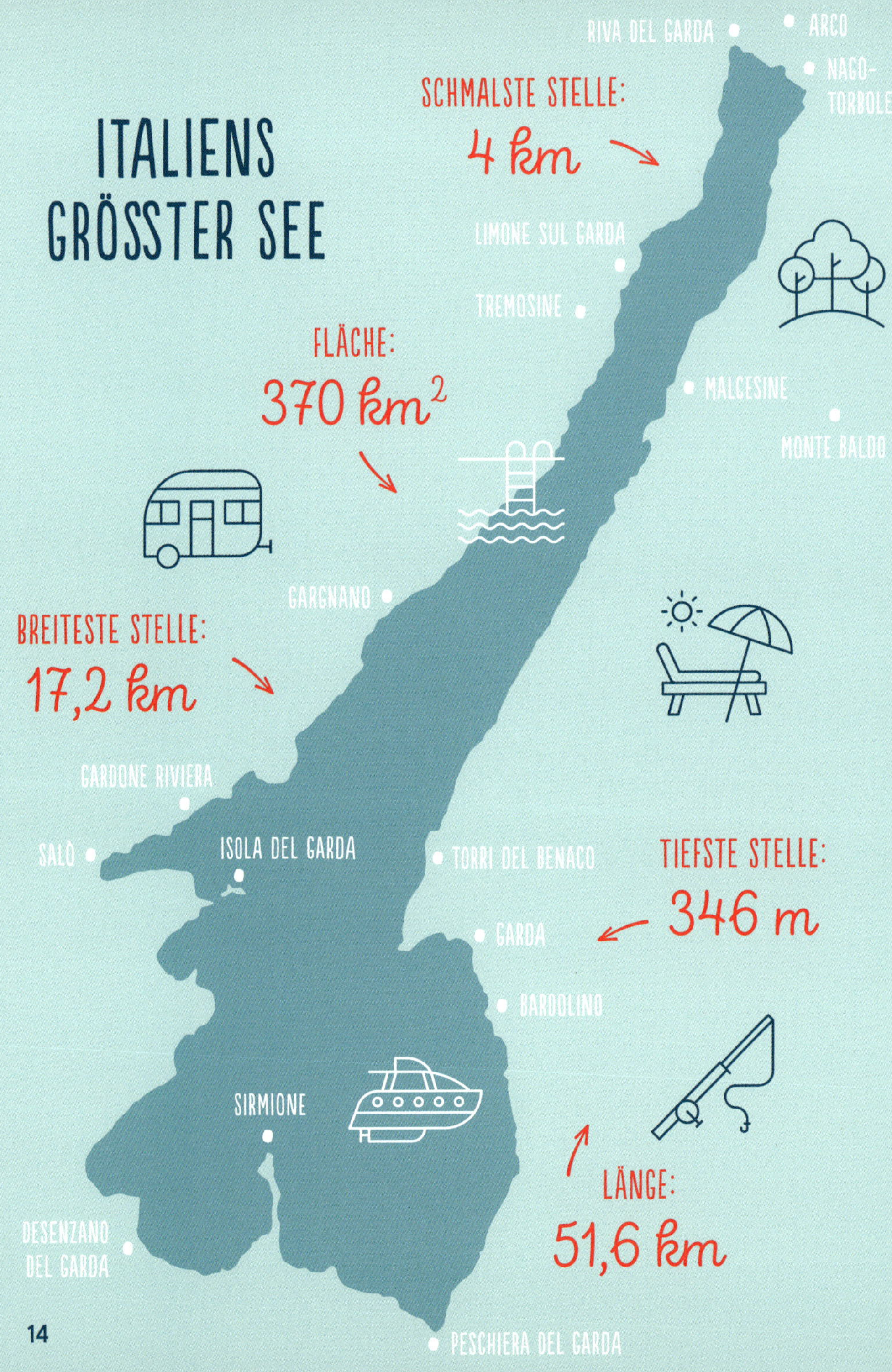
ITALIENS GRÖSSTER SEE
SCHMALSTE STELLE:
4 km
FLÄCHE:
370 km²
BREITESTE STELLE:
17,2 km
TIEFSTE STELLE:
346 m
LÄNGE:
51,6 km
RIVA DEL GARDA
ARCO
NAGO-TORBOLE
LIMONE SUL GARDA
TREMOSINE
MALCESINE
MONTE BALDO
GARGNANO
GARDONE RIVIERA
SALÒ
ISOLA DEL GARDA
TORRI DEL BENACO
GARDA
BARDOLINO
SIRMIONE
DESENZANO DEL GARDA
PESCHIERA DEL GARDA

SPITZNAME:

Benaco

Lago di Garda – ein erstes Kennenlernen

Der Gardasee auf einen Blick

GARDESANA:

158 km rund um den See mit über 70 Felstunnel

3 REGIONEN:

Trentino (Norden), Venetien (Osten), Lombardei (Südwesten)

5 INSELN:

Isola del Garda, Isola del Sogno, Isola dell'Olivo, Isola di San Biagio („Kanincheninsel"), Isola di Trimelone

UNTERWEGS

MIT PLAN

Spontan und gut geplant – das geht hier Hand in Hand.

ALLGEMEINE INFOS ZUM GARDASEE

www.visitgarda.com

Drei Provinzen grenzen an den Lago di Garda: im Norden Trentino, im Osten Venetien und im Westen die Lombardei.

www.visittrentino.info/de
www.veneto.eu
www.in-lombardia.it/de

ENIT, *die italienische Zentrale für Tourismus in Österreich: Mariahilfer Straße 1b, 1060 Wien*
T (01) 505 16 39
www.enit.at

~

TELEFON & INTERNET

In Italien muss bei Ortsvorwahlen, wenn man aus Österreich oder Deutschland anruft, die Null immer mitgewählt werden. Mobilfunknummern erkennen Sie an der dreistelligen Vorwahl, die stets mit einer 3 beginnt. Viele Hotels, Restaurants und Bars bieten kostenloses WLAN (= WI-FI in Italien – ausgesprochen: „wai-fai") an.

ÖFFNUNGSZEITEN

Bedenken Sie, dass viele Sehenswürdigkeiten nur von Anfang März bis Ende Oktober geöffnet und im Winter entweder geschlossen bzw. zu eingeschränkten Zeiten zu besichtigen sind. Ein kurzer Blick ins Internet schafft Sicherheit, was wann geöffnet hat.

~

GARDA PROMOTIONS CARD

Die kostenlose Gästekarte ist drei Tage gültig, Rabatte gibt es etwa in Museen, bei Fähren oder der Seilbahn in Malcesine. Erhältlich in Tourismusbüros oder Unterkünften.

~

GARDASEE ZEITUNG

Seit 1996 berichtet die Zeitung auf Deutsch (!) über alles, was Touristen interessiert. Erhältlich in Tourist Infos, Hotels, Campingplätzen etc.

www.gardaseezeitung.it

DIE HAUPTWINDE

Der Nordwind Pelèr (auch Vent genannt) erhebt sich zwischen 2 und 3 Uhr nachts, kommt mittags zum Stillstand und wird vom Südwind Ora abgelöst, der von Mittag bis Sonnenuntergang bläst.

~

KLIMA & WETTER

März – Mai:
Wasser 9-18 °C, Luft 15-24 °C
Juni – August:
Wasser 17-27 °C, Luft 24-32 °C
September:
Wasser 17-22 °C, Luft 20-28 °C
Oktober – November:
Wasser 10-15 °C, Luft 10-20 °C

www.gardasee.de/wetter oder www.3bmeteo.com (Italien)

~

LINIENSCHIFFFAHRT

Navigazione Lago di Garda (Fahrpläne, Tarife). Ganzjährige Autofähre: Toscolano-Maderno – Torri del Benaco. Die Autofähre Limone – Malcesine fährt nur zur Hauptsaison. (→ Seite 20).

www.navigazionelaghi.it

~

KULINARISCHE MITBRINGSEL

Olivenöl extra Vergine, Limoncino, Wein (Bardolino, Trento DOC, Chiaretto etc.), eingelegte Kapern, Trüffel vom Monte Baldo, Aceto Balsamico (→ Seite 51), Salami und Safran aus Pozzolengo oder mit Zitronenmotiven bemaltes Geschirr.

PROMINENZ AM GARDASEE

Bennie, das Seeungeheuer: Benacosaurus Lacustris, so der vollständige Name von Bennie, leitet sich vom lateinischen Namen des Sees „Benacus“ ab. Ein schlangenartiges, etwa 8 Meter langes Tier wird seit dem 16. Jahrhundert bis heute (angeblich) gesichtet und soll in einer Unterwasserhöhle in der Nähe der Isola del Garda hausen.

www.benniefanclub.com

~

Auf Goethes Spuren: Am 12. September 1786 kam Johann Wolfgang von Goethe in Torbole an und war sofort begeistert. Er reiste in der Folge fast zwei Jahre (1786–1788) durch Italien. 1816 veröffentlichte er seine Reisetagebücher als „Italienische Reise“ und begründete die Italien-Sehnsucht der Deutschen.

Literarischer Spaziergang: www.gardatrentino.it/de (Suchbegriff: Goethe)

~

„Ein Quantum Trost“: Am Beginn des 22. James-Bond-Films (2008) liefert sich Daniel Craig eine halsbrecherische Verfolgungsjagd auf der engen, kurvigen Gardesana am Westufer (→ Foto Seite 2). Bei den Dreharbeiten im Regen fuhr ein Mitarbeiter des Sets den Aston Martin direkt in den See – der Fahrer wurde nur leicht verletzt, das Bond-Mobil mit einem Kran geborgen.

Fahrt ins Blaue:
Öffentliche Fähren tuckern regelmäßig über den Lago.

DEN LAGO PER SCHIFF EROBERN

Riva-Desenzano

Entspannt über den See kreuzen

Die Haare im Wind, eine frische Seebrise, die um die Nase weht, und immer nah am Wasser. Eine Schifffahrt gehört zu einem Gardaseeurlaub einfach dazu. In fast allen Häfen können Sie Rundfahrten oder beliebige Strecken buchen. Ein Tagesausflug von Riva nach Desenzano.

Nur vom See aus können Sie die schroffen Berge des West- und Ostufers, trutzige Burgen, ehrwürdige Grandhotels oder weiße Kiesstrände in aller Ruhe bestaunen, während Sie sich ganz entspannt von Ort zu Ort treiben lassen. Die staatliche Flotte der **NAVIGAZIONE LAGHI** kreuzt vom bergigen Riva del Garda im Norden bis nach Desenzano an der flachen Südspitze (und in umgekehrte Richtung).

Für einen Schiffsausflug von Nord nach Süd sollten Sie einen ganzen Tag einplanen und ihre **LANDGÄNGE** gut timen, denn die *traghetti*, Fähren, legen in insgesamt 25 Orten an und gehen am Abend relativ früh wieder zurück. Wenn Sie Glück haben, gehen Sie an Bord der nostalgischen **SCHAUFELRADDAMPFER** „Zanardelli“ oder „Italia“, beide Anfang 1900 erbaut und teils noch mit Originalmobiliar eingerichtet – nur die Befeuerung durch Kohle wurde durch PS-starke Motoren ersetzt.

LIMONE, nach dem Ablegen in Riva die erste Station am Westufer, ist eines der beliebtesten Städtchen am See und in der Hochsaison voll wie ein kleiner Mittelmeerort. Schon hier ist es verlockend, auszusteigen und die zahlreichen ehemaligen **LIMONAIE**, Zitronengewächshäuser, die für die sogenannte **RIVIERA DEI LIMONI** typisch sind, aus nächster Nähe zu bestaunen, sich im Gassengewirr der Altstadt treiben zu lassen oder sich im malerischen **PORTO VECCHIO** einen Cappuccino zu gönnen. Aber es kommt ja noch das viel berühmtere **MALCESINE** am gegenüberliegenden Ostufer. Hier lohnt es sich, einen kleinen Spaziergang einzuplanen, denn der Ort hat alles, was das Herz begehrt: eine mittelalterliche Skaligerburg, die zu Fuß leicht zu erreichen ist,

UNTERWEGS

MIT PLAN

NAVIGAZIONE LAGO DI GARDA
An allen Schiffsanlegestellen erhalten Sie Tickets und Fahrpläne. Das Tagesticket „Carta di libera circolazione" (rund 35 Euro) ist für den ganzen See gültig.

www.navigazionelaghi.it

~

GRATIS-APP „DREAM-LAKE"
Fahrpläne, interaktive Karte, Infos zu Sehenswürdigkeiten, Online-Ticketverkauf.

https://navigazionelaghi.wixsite.com/dreamlake

~

MIT DEM AUTO AN BORD
Autofähren entlasten zwischen Limone und Malcesine (im Sommer) sowie zwischen Toscolano Maderno und Torri del Benaco (ganzjährig) den Verkehr rund um den See.

~

BOOTFAHREN
Für Motorboote ist nur der südliche Teil des Gardasees freigegeben, der nördliche hingegen gesperrt. Die Grenze verläuft zwischen Corno di Reamol (nördlich von Limone) und der Galleria del Confine (nördlich von Malcesine). Tretbootfahren dürfen Sie überall.

einen verträumten Hafen und den majestätischen Monte Baldo im Rücken, auf den von Malcesine eine **PANORAMAGONDEL**, die sich um 360 Grad dreht, fährt.

Weiter geht es über **BRENZONE**, um von hier aus wieder zur Westküste überzusetzen. Angelegt wird dann in den traumhaft schönen Orten Gargnano, Toscolano-Maderno, Gardone Riviera und **SALÒ**, einem meiner Lieblingsstädtchen. Planen Sie hier einen Zwischenstopp ein, um an einer der längsten Uferpromenaden am Lago mit einladenden Cafés und Restaurants zu flanieren, in den schicken Boutiquen der Altstadt zu stöbern oder ein *gelato* in einer der besten Eisdielen am See – die lange Schlange am Domplatz weist den Weg zur „Casa del Dolce" – zu schlecken.

ERLEBEN

Leinen los! Vom neuen Hafen in Limone legen täglich um 9.30 Uhr Schiffe ab, die Tagesausflüge mit Aufenthalten zum Beispiel in Sirmione und Bardolino anbieten. Reservierungen direkt am Hafen.

Garda Escursioni, Via Corda 3, 25010 Limone sul Garda (BS), T (+39 0365) 95 43 55. www.gardaescursioni.com

Die nächste Anlegestelle ist **GARDA.** Genießen Sie den Blick auf die **ISOLA DEL GARDA**, die einzige bewohnte Insel am Lago. Von Garda, dem Ort, nach dem der See benannt ist, fährt das Schiff weiter nach **BARDOLINO** und **SIRMIONE**, das an der Spitze einer 4 Kilometer langen Halbinsel liegt, überragt von einer der schönsten Wasserburgen Europas – auch hier lohnt sich ein kleiner Stopp. Ist die Zeit bereits knapp, nehmen Sie das letzte Schiff zurück nach **RIVA**, andernfalls könnten Sie noch **DESENZANO**, die größte Stadt am See, oder **PESCHIERA DEL GARDA** erkunden und von hier aus wieder zurückfahren. Wer es eilig hat, bucht ein Ticket für ein schnelleres *aliscafo*, **TRAGFLÜGELBOOT.**

Was gibt es Schöneres, als auf dem Sonnendeck eines Schiffes zu entspannen und dem Geplätscher der Wellen zu lauschen? Und wer Lust hat, entdeckt traumhafte kleine Städte.

Raus auf den See strampeln – Vergnügen pur für die ganze Familie!

Die Grafenfamilie Cavazza führt Besucher über ihre Insel
und durch einen Teil des Palazzo.

Reif für die Insel?

Vor Salò ragt ein anmutiges Kleinod aus dem Wasser: die Isola del Garda mit einem märchenhaften Palazzo, paradiesischem Park und traumhaft schönen Ausblicken auf den Lago. Seit fünf Generationen ist die Insel Privatbesitz der Grafenfamilie Cavazza.

Schon die Bootsfahrt zur größten und einzigen bewohnten Insel am Gardasee macht glücklich. Der Himmel wölbt sich strahlend blau über der **ISOLA DEL GARDA**, die vor der schmalen Landzunge San Fermo bei Felice del Benaco aus den Fluten steigt. Auf ihr thront – fast unwirklich schön – ein Palazzo im neugotisch-venezianischen Stil mit verspielten **ZINNEN, ZACKEN UND SPITZEN**, flankiert von Zypressen und Palmen. Wer im Miniaturhafen anlegt und den Fuß auf die Insel setzt, hat das Gefühl, aus der Welt gefallen zu sein. Autos gibt es keine, das Möwenkreischen und das Plätschern der Wellen sind die lautesten Geräusche auf dem etwa 1 Kilometer langen Eiland.

Seit Ehemann **CAMILLO CAVAZZA** 1981 verstarb, ist die englische **LADY CHARLOTTE CHETWYND-TALBOT**, siebenfache Mutter, Besitzerin der Insel. Sie ist gelegentlich bei der Arbeit in ihrem geliebten Gewächshaus anzutreffen. Auch drei ihrer Kinder leben noch heute hier. Als der Palazzo zu verfallen drohte, beschloss 2001 die Tochter **GRÄFIN ALBERTA CAVAZZA**, die Insel für Besucher zu öffnen, um mit den Einnahmen kostspielige Restaurierungsarbeiten zu finanzieren.

Im Rahmen einer Führung spazieren Sie zunächst durch den jahrhundertealten Park: Hier gedeihen Zypressen, Pinien, Magnolien, Granatapfelbäume, Kakteen und Agaven. Englische Rosen, Bougainvilleen, Hortensien und Blauregen, dessen Blüten schwer wie Trauben in den Ästen hängen, verströmen zarte Duftwolken. Und während der Blick im bunten Blütenmeer badet, erfahren Sie, dass der **HEILIGE FRANZ VON ASSISI** 1221 in den natürlichen Höhlen auf der Nordseite der Insel eine Einsiedelei gegründet hatte und sich auch der **HEILIGE ANTONIUS VON PADUA** sowie der italienische Dichter **DANTE ALIGHIERI** auf der Insel aufgehalten haben sollen.

UNTERWEGS MIT PLAN

ISOLA DEL GARDA
Die Insel ist von April bis Mitte Oktober nur im Rahmen einer Führung – gegen Voranmeldung – zu besichtigen. Für den Transport zur Insel ist gesorgt, Motorboote starten etwa ab Salò, Gardone Riviera, Garda oder Bardolino. Ein Tipp: Buchen Sie in der Hochsaison zwei Tage im Voraus!

www.isoladelgarda.com

Wie gemacht fürs Dolce Vita: *il terrazzo*

Im Inneren des Palasts können Sie die exquisit eingerichteten Speise- und Musikzimmer bestaunen. Alberta Cavazzas Urgroßeltern, die russische Adelige Maria Annenkova und der Genueser Bankier und Herzog Gaetano de Ferrari, ließen sich 1890 vom damaligen Stararchitekt Luigi Rovelli diesen Sommersitz erbauen. Ihre einzige Tochter Anna Maria verschwand 1924 in den Fluten des Sees, ob Unfall oder Selbstmord ist nicht bekannt. Im Testament, das Maria Annenkova Ehemann und Kindern hinterließ, schrieb sie: „**LIEBT, LIEBT, LIEBT DIE INSEL**, die ich so geliebt habe, und kommt oft zurück."

Das Highlight der etwa zweistündigen Führung ist ein **APERITIVO**, der auf der traumhaften Terrasse gereicht wird: eisgekühlter Chiaretto, der Rosé aus der Gegend um Moniga, Olivenöl aus eigener Herstellung und einige *stuzzicchini*, Snacks. Wir können nichts anderes tun, als auf die unendliche Weite des Wassers und die vielen vorbeiziehenden Motor- und Segelboote zu schauen. Bei der Bootsfahrt zurück zum Festland überkommt uns Wehmut. Wir würden am liebsten für immer bleiben.

Die Isola del Garda müssen Sie einfach gesehen haben!

Auf dem paradiesischen Eiland anlegen darf nur, wer sich angemeldet hat.

ERLEBEN

Kinder, raus in die Natur! Bei einer geführten „botanischen Schatzsuche“ dürfen Kids über die Insel stromern und spielerisch die vielfältige Pflanzenwelt kennenlernen.

~

In den Sternenhimmel schauen: Im August, wenn die meisten Sternschnuppen flitzen, begleiten Mitarbeiter des „Marana Space Explorer Center“ Besucher auf einem astronomischen Spaziergang.

Showcooking erleben: Küchenchefin Carla kreiert auf der Terrasse des Palazzo ein traditionelles Gericht aus regionalen Zutaten, dazu gibt's guten Wein – eine Show für die Augen und den Gaumen.

~

Heiraten, wo andere Urlaub machen: Die Isola del Garda ist eine beliebte und exklusive Hochzeitslocation. Mehr Romantik am schönsten Tag im Leben geht nicht!

Infos zu allen Tipps finden Sie unter: www.isoladelgarda.com

Platz nehmen direkt am Wasser –
Wellenglanz und Sonnenschein inklusive.

So schmeckt der Gardasee

Dass es keine einheitliche Gardaseeküche gibt, macht den Urlaub für Feinschmecker so spannend. Der See grenzt an die drei Regionen Trentino, Venetien und Lombardei – das sorgt für jede Menge Abwechslung auf dem Teller.

In keinem anderen Land der Welt hat Essen einen höheren Stellenwert. *Mangiare* ist bei Italienern das Gesprächsthema Nummer eins: Man tauscht Rezepte aus, diskutiert bereits beim ausgedehnten Mittagsmahl, was abends auf den Tisch kommt, und vor allem kocht man regional. Das ist auch am Lago di Garda so. Egal ob es flaumige Knödel aus dem Trentino, deftige Fleischspieße vom lombardischen Ufer oder venezianische Gaumenfreuden sind: Italiener schätzen jede der Regionen für ihre **KULINARISCHEN SPEZIALITÄTEN.**

Die Hauptrolle am Lago spielen natürlich **FANGFRISCHER FISCH** sowie **SARDINEN**, die Fischern sonst nur im Meer ins Netz gehen. Auf den Tisch kommen unter anderem *trota salmonata*, Gardaseeforelle, *lavarello*, Reinanke, *luccio*, Hecht, *pesce persico*, Flussbarsch, oder *tinca*, Schleie. Vom Grill – beträufelt mit fruchtigem **OLIVENÖL EXTRA VERGINE GARDA DOP**, das vor allem am Ostufer, der **RIVIERA DEGLI OLIVI**, produziert wird –, *al forno*, aus dem Ofen, *fritto*, frittiert, oder *al sale*, in Meersalzkruste.

Im bergigen **TRENTINO** am Nordufer, das einst zu Österreich gehörte, serviert man Speck- oder Käseknödel, die hier **CANEDERLI** heißen, oder Apfelstrudel, der als **STRUDEL DI MELE** auf der Speisekarte steht. Keinesfalls entgehen lassen sollten Sie sich die **STRANGOLAPRETI**, übersetzt „Priesterwürger". Der Legende nach sollen hungrige Priester beim Konzil von Trient (1545–1563) so viele davon verspeist haben, dass ihnen die in Butter geschwenkten Spinatnocken im Hals stecken blieben. Ein köstliches Gericht ist **CARNE SALADA**, mageres Rindfleisch, das man entweder roh wie Carpaccio, verfeinert mit Olivenöl und frisch gehobeltem Parmesan, oder *alla piastra*, kurz angebraten, mit weißen *fagioli*, Bohnen, genießt. Bei Pasta schwören die Trentiner auf **BIGOLI CON LE SARDE**, etwas dickere Spaghetti mit Sardinen, die in vielen Trattorien im Hinterland noch wie bei *mamma* frisch zubereitet werden.

Leichter speist man in **VENETIEN** am Ostufer. Von hier ist es nicht weit zum Meer, dementsprechend viele **MEERESFISCHE- UND FRÜCHTE** findet man auf der Speisekarte. Südlich von Verona, rund um das Städtchen Isola della Scala, wird seit Jahrhunderten Reis, vor allem der rundkörnige **RISO VIALONE NANO**, angebaut, der sich besonders gut für sämiges Risotto eignet. Den italienischen Klassiker in seinen zahlreichen Variationen sollten Sie unbedingt probieren: mit grünen *asparagi*, Spargel, *radicchio*, dem bitteren Salat, *funghi*, Pilzen, *carciofi*, Artischocken, *alla tinca*, mit Schleie, oder *all'amarone*, mit dem starken Rotwein aus dem Valpolicella-Gebiet.

Links: Duftende Tagliatelle mit Steinpilzen
Rechts: Fangfrischer Fisch folgt einem köstlichen *aperitivo*.

In der **LOMBARDEI** am Westufer hingegen liebt man deftige Küche. Häufig findet man **POLENTA**, die stundenlang im Kupferkessel gerührt und mit Pilzen, würziger Salsiccia, Fleischragout, einer dicken Scheibe Gorgonzola (ebenfalls eine lombardische Delikatesse) oder als typische Beilage zu *spiedo*, einem **SPIESS**, serviert wird. Dieser wird mit verschiedenen Fleischsorten bestückt und gemächlich über dem Holzfeuer gedreht. An **KÄSE** dürfen Weichkäse aus Tremosine, veredelt mit Trüffel, Chili, Oliven, Bärlauch oder Pfeffer, sowie Taleggio oder Grana Padano auf keiner Käseplatte fehlen.

ZITRONENMARMELADEN, fruchtiger **LIMONCINO** oder das feine Olivenöl extra Vergine Garda DOP, teils noch von kleinen Familienbetrieben hergestellt und in schöne Gläser und Flaschen abgefüllt, sind ein perfektes Mitbringsel oder eine aromatische Urlaubserinnerung.

Lombardei, Venetien, Trentino – ein kulinarisches Dreieck, das Gourmets glücklich macht.

ERLEBEN

Regionale Schmankerl verkosten: Im Herbst dreht sich beim Gourmet-Event „Garda con Gusto“ in Riva 3 Tage lang alles ums Essen. Mit Show-Cooking, Verkostungen und Ständen lokaler Produzenten. Preis: ab 12 Euro.

Touristpoint Riva, www.gardatrentino.it

~

Schlemmen wie die Italiener: Stilecht tafeln in Italien bedeutet sechsfaches Glück. Zu Beginn einer Mahlzeit regt man den Appetit mit *antipasti*, etwa gegrilltem Gemüse, Prosciutto crudo mit Melone, Cozze gratinate (überbackene Miesmuscheln) oder einem Insalata di mare an. Dann folgt ein *primo* (erster Gang), meist ein Nudel- oder Reisgericht. Jetzt erst wird *il secondo* (Hauptgang) kredenzt, entweder Fleisch oder Fisch. Zum Abschluss wählt man ein *dolce*, Dessert, dem ein *caffè* und anschließend ein *ammazzacaffè* – meist ein Glas Limoncino oder Grappa – folgt, um den intensiven Geschmack des Espresso abzutöten (*ammazzare* = töten), ein typisches italienisches Ritual.

Die Villa Feltrinelli:
eines der exklusivsten Grandhotels der Welt

Sterneküche schlemmen

Wer sich ein besonderes, weil etwas exklusiveres kulinarisches Erlebnis gönnen möchte, lässt sich in einem der mit Michelin-Sternen geadelten Restaurants rund um den Gardasee verwöhnen. Gedanken an den Alltag zu Hause ziehen hier in weite Ferne.

VILLA FELTRINELLI ★★

Wenn man schon nicht im luxuriösen Grand Hotel – einem der teuersten am See – residiert, dann kann man zumindest im Ristorante, das auch Nicht-Hotelgästen offensteht, göttlich speisen. Sternekoch Stefano Baiocco liebt (nicht nur) vegetarische „einfache Naturküche". Seine Spezialität: ein Salat, bestehend aus über hundert Kräutern und Blüten. Wer einmal auf der Hotelterrasse oder an einem der fünf Tische direkt am See gesessen ist, hat lange etwas zum Träumen.

Grand Hotel a Villa Feltrinelli & Restaurant,
Via Rimembranza 38–40,
25084 Gargnano (BS),
T +39/0365/79 80 00.
www.villafeltrinelli.com

LA TORTUGA ★

Nur wenige Schritte vom Hafen Gargnanos sitzt man im heimeligen Ristorante La Tortuga, während aus der Küche schon der Duft nach fangfrischem Fisch wirbelt. Familie Filippini verteidigt ihren Michelin-Stern seit 1980 und hat sich auf kreativ zubereiteten Fisch (auch aus dem Meer) spezialisiert. Der mundet zum Beispiel als „Felchenfilet auf gedünstetem Wirsing mit Kurkuma".

La Tortuga, Via XXIV Maggio 5,
25084 Gargnano (BS),
T (+ 39 0365) 71 251.
www.ristorantelatortuga.it

PETER BRUNEL RISTORANTE GOURMET ★

Chef Peter Brunel weiß Trentiner Küche erfolgreich kreativ aufzufrischen. Heimisches Kalbfleisch kommt mit in Sake glasierten Karotten, Romanesco, Pekanüssen und Roten Rüben auf den Tisch. Violette Kartoffeln würzt er mit Yuzu, Kaviar, Mango und Kokos und sämiges Risotto gart mit langgereiftem Parmigiano und Vino Santo seiner Vollendung entgegen. Die Desserts aus der hauseigenen Patisserie sind unwiderstehlich.

Peter Brunel Ristorante Gourmet,
Via Linfano 47, 38062 Arco (TN),
T (+39 0464) 07 67 05.
www.peterbrunel.com

LA VERANDA DEL COLOR ★

Wer nicht reserviert hat, macht es wie die Italiener und genießt einen *aperitivo* im Weinkeller (auch blinde Weinverkostungen) oder an der schicken „Blue Bar" neben dem Pool. Chef Fabio Cordella hat viele Länder bereist und verbindet regionale mit orientalischen Geschmäckern: knusprigen Seeteufel mit Zitronengras und Pak Choi, die Seezunge mit Teriyaki und Escabeche.

Color Hotel, Via Santa Cristina 5,
37011 Bardolino (VR),
T (+39 0456) 21 08 57.
www.laverandadelcolor.it

CAPRICCIO ★

Dieses Lokal ist fest in Frauenhand: Mamma und Köchin Giuliana Germiniasi entscheidet, was es gibt: „Parmigiana di melanzane", die hier seit 1965 serviert wird, das Degustationsmenü „Il mare nel piatto", das Meer auf dem Teller, oder Wolfsbarsch in Meersalzkruste. Tochter Francesca kümmert sich um die Gäste und edle Weinbegleitung. Zauberhaft: der Blick auf Olivenbäume, sanfte Hügel und den See.

Capriccio, Piazza San Bernardo 6,
Localitá Montinelle,
25080 Manerba del Garda (BS),
T (+39 0365) 55 11 24.
www.ristorantecapriccio.it

ESPLANADE ★

Direkt am Seeufer liegt das Ristorante Esplanade. Hier kredenzt Küchenchef Massimo Fezzardi kreative Fischköstlichkeiten: gegrillten Aal auf Tomatenkompott mit Oliven der Region, Steinbutt in schwarzer Reiskruste, gefüllt mit Garnelen oder Hummer, auf Tomaten, Mango, Rhabarber und Passionsfrucht. Romantisch sind die kleinen Tische direkt am Bootssteg.

Esplanade, Via Lario 10,
25015 Desenzano del Garda (BS),
T (+39 0309) 14 33 61.
www.ristorante-esplanade.com

LIDO 84 ★

Das ehemalige Strandbad ist so schön, dass man es fast nicht weiterempfehlen möchte. Ein Besuch lohnt sich alleine schon für den atemberaubenden Blick auf den See. Spezialität des Hauses: „Cacio e Pepe", ein römischer Klassiker aus Pasta, Pecorino und schwarzem Pfeffer, den Chef Riccardo Camanini jedoch in einer Schweinsblase serviert. Kenner reservieren hier Wochen im Voraus.

Traumhaft am Seeufer gelegen:
das Lido 84

*Lido 84, Corso Zanardelli 196,
25083 Gardone Riviera (BS),
T (+39 0365) 20 019.
www.ristorantelido84.com*

RISTORANTE OSELETA ★

Sonnig auf einem Hügel thront eine Bilderbuch-Villa, in deren Seitenflügel das Restaurant untergebracht ist: eine luftige Veranda, weiß eingedeckte Tische und der Blick schweift über Olivenbäume und Weinreben. Hier gibt's vor allem frischen Fisch und Meeresfrüchte. Chef Marco Marras richtet Pasta mit Seeigel und Algen an, Hummer mit Erdbeeren und Guacamole, Lachs mit Garnelen und Haselnüssen.

*Hotel Villa Cordevigo Wine Relais,
Localitá Cordevigo,
37010 Cavaion Veronese (VR),
T (+39 045) 72 35 287.
www.ristoranteoseleta.it*

LA RUCOLA 2.0 ★

Das moderne Ristorante versteckt sich in einer idyllischen Gasse der Altstadt von Sirmione, in der Nähe der Skaligerburg. In der halb offenen Küche sieht man Chef Gionata Bignotti groß aufkochen, und zwar am liebsten Fisch: Seebarsch aromatisiert er mit Artischocken, Trüffel und Safran. Garnelen garen mit Kokos und Pilzen ihrer zarten Vollendung entgegen – jeder Teller ist ein kleines Kunstwerk.

*La Rucola 2.0, Vicolo Strentelle 3,
25019 Sirmione (BS), T (+39 030) 91 63 26.
www.ristorantelarucola.it*

VECCHIA MALCESINE ★

In der oberen Altstadt, abseits der Touristenströme, liegt das schöne Ristorante Vecchia Malcesine. Hier waltet Leandro Luppi, Gastgeber und begnadeter Koch. Er zaubert aus Forellen zartes Tatar mit Eigelb-Häubchen und Zucchinistreifen, würzt sämiges Schleienrisotto mit Bärlauchpesto und „salzt" Oktopussalat mit Kaviar. Von der Terrasse genießt man einen Traumblick auf den See.

*Vecchia Malcesine,
Via Pisort 6, 37018 Malcesine (VR),
T (+39 045) 74 00 469.
www.vecchiamalcesine.com*

★
„Eine Küche voller Finesse –
einen Stopp wert".

★★
„Eine Spitzenküche –
einen Umweg wert".

★★★
„Eine einzigartige Küche –
eine Reise wert".

Ideal für Segler, Surfer, Kiter und an heißen Sommertagen: die Winde am Nordufer

GARDASEE SPONTAN

INS WASSER SPRINGEN

Schöne Strände für Erholungssuchende, Familien und Nachtschwärmer.

WESTUFER

1 LIDO DI PADENGHE SUL GARDA
Ein herrlicher Kiesstrand mit Badestegen, Tretbootverleih und traumhaftem Blick auf den Monte Baldo am gegenüberliegenden Ufer. Freier Eintritt.

Via del Lido, 25080 Padenghe sul Garda (BS).

2 SPIAGGIA COLA IN LIMONE SUL GARDA
Der breite Kiesstrand zieht sich vom neuen Hafen in unmittelbarer Ortsnähe etwa 1 Kilometer Richtung Süden, kleine Baumgrüppchen spenden Schatten. Freier Eintritt.

Via Lungolago Guglielmo Marconi 9, 25010 Limone sul Garda (BS).

NORDUFER

3 SPIAGGIA DEI PINI IN RIVA
Beliebt bei Surfern und jüngeren Leuten. Es gibt einen Kiesstrand, eine Liegewiese, einen kleinen Spielplatz, eine schwimmende Plattform mit Rutsche, Musik- und Themenabende. Freier Eintritt.

Lungolago dei Pini, 38066 Riva del Garda (TN).

OSTUFER

4 BAIA DELLE SIRENE BEI GARDA
Traumhaftes Strandbad mit Liegewiese, Olivenbäumchen, Kiesstrand, Spielplatz, Kinderanimation. Preis/ganzer Tag: Erwachsene 15 Euro, Kinder 5 Euro; frühabends freier Eintritt – die Sonnenuntergänge hier sind magisch!

www.parcobaiadellesirene.it

SÜDUFER

5 COCO BEACH CLUB IN LONATO
Der weiße Sandstrand mit Himmelbetten, Palmen, Ristorante und Cocktail-Bar verwandelt sich nachts in die hippste Freiluft-Disco am See mit DJ und Lasershow. Preis: Strandliege ab 20 Euro (August: 30 Euro) pro Person.

www.cocobeachclub.com

Die genannten Strände verfügen alle über sanitäre Anlagen, Strandbar, Sonnenschirm- und Liegenverleih.

Hellwach am Nordufer –
mit duftendem Caffè,
elektrisierenden Erlebnissen und
atemberaubender Aussicht

Spontan MIT PLAN

NORD-UFER

Eine phänomenale Aussicht genießen:
auf das mondäne Städtchen Riva del Garda

ASCENSORE PANORAMICO

Riva del Garda

In einem gläsernen Aufzug schweben

Riva del Garda schmückt sich mit einem neuen futuristischen Panorama-Aufzug. Eine rundum verglaste Kabine schwebt bis in eine Höhe von 208 Metern hinauf und hinunter. Nirgendwo am See geht es senkrechter nach oben – Gänsehautfeeling garantiert!

Riva am nördlichsten Zipfel des Gardasees ist Tummelplatz für Wassersportler. Windsurfen, Kitesurfen, Wasserski, Tauchen, Segeln – hier preschen, gleiten, schweben Windbegeisterte über die Wellen. Doch seit Juli 2020 hat das mondäne Städtchen eine **NEUE ATTRAKTION**: den **ASCENSORE PANORAMICO**, der auf Schienen eine 208 Meter lange Strecke in nur zwei Minuten hinauffährt, dabei einen Höhenunterschied von 130 Metern überwindet und Riva mit der **BASTIONE** aus dem 16. Jahrhundert verbindet. Bisher erreichte man den Rundturm, der aus dem üppigen Grün am fast senkrechten Hang des Monte Rocchetta herausragt, nur über eine schmale Straße. Er ist der einzige Überrest der **VENEZIANISCHEN FESTUNG**, die 1703 von französischen Truppen unter General Vendôme zerstört wurde.

Die **ABENTEUERLICHE FAHRT** – an Höhenangst sollten Sie nicht leiden – beginnt in der Altstadt von Riva. Es ruckt sanft, wenn der Panorama-Aufzug startet und kühn mit 1,4 Metern pro Sekunde Richtung Bastione surrt. Nirgendwo am See geht es senkrechter nach oben. Abenteuerlich! Ein wenig mulmig kann einem da schon werden. Der gigantische Lift schwebt wie ein gläsernes Zimmer hoch, ohne irgendwem die Fernsicht zu verstellen. Einheimische Rivani, die des Öfteren hochfahren, um im **BASTIONE LOUNGE & RESTAURANT**, das an die Festung angebaut ist, fein zu tafeln, blicken gelassen auf die steile Schienentrasse. Touristen hingegen spähen vorsichtig in den Abgrund, sind begeistert oder schließen die Augen. Oben, bei den Überresten der Bastione, heißt es aussteigen: Die kurze, aber spektakuläre Fahrt ist zu Ende und es

UNTERWEGS

MIT PLAN

ASCENSORE PANORAMICO BASTIONE
Via Monte Oro,
38066 Riva del Garda (TN).
T (+39 0464) 02 54 08.

~

TOURIST INFO
Largo Medaglie d'Oro
al Valor Militare 5,
38066 Riva del Garda (TN).
T (+39 0464) 55 44 44.
www.gardatrentino.it

erwartet Sie eine der schönsten Aussichtsterrassen am See. Blickfang ist der 34 Meter hohe **TORRE APPONALE** im Herzen der Stadt, an der lebhaften Piazza III Novembre direkt am Wasser gelegen. Ursprünglich war der Turm aus dem 13. Jahrhundert zur Verteidigung des Hafens gedacht, heute ist er das Wahrzeichen Rivas und kann bestiegen werden. Das tiefe Blau des Sees, auf dem die Fähren und bunten Segel der Surfer kreuzen, erscheint hier oben noch intensiver.

Die Bastione ist Ausgangspunkt für mehrere **WANDERWEGE:** Von hier können Sie auf einem steilen Weg zu der 625 Meter hoch

Seinen ganzen Charme offenbart der Lago erst aus luftiger Höhe.

gelegenen **KAPELLE SANTA BARBARA** wandern, die von Riva aus gut sichtbar über der Bastione thront. Sie wurde 1927 von Bergleuten erbaut, die sich nach der Vollendung des Wasserkraftwerks Ponale (→ Seite 43) bei ihrer Schutzpatronin dafür bedankten, dass bei dem Bau kein größeres Unglück passiert war. Bis heute findet hier alljährlich am 4. Dezember eine **BERGMESSE** statt. Um einen anderen Rückweg zu wählen, können Sie von der Bastione auch auf einer schmalen gepflasterten Straße nach Riva zurückkehren.

Ein transparentes Abenteuer, das auch Kindern Spaß macht.

GENIESSEN

Bastione Lounge & Restaurant: In dem Bilderbuchrestaurant mit Terrasse und traumhaftem Blick auf den Gardasee treffen Mare und Monte aufeinander. Aufgetischt wird ein perfekter Mix aus Trentiner und mediterraner Küche. Der Panoramalift stoppt in der unteren Etage des Restaurants.

Via Monte Oro 26,
38062 Riva del Garda (TN),
T (+39 0464) 07 68 61.
www.bastione.eu

ERLEBEN

Das Leben in vollen Zügen genießen: Sunset-Segeltörns inklusive *aperitivo*, Wanderungen auf den Monte Stivo bei Sonnenuntergang, Picknicks mit Seeblick oder Yogakurse am frühen Morgen können Sie in der Tourist Info in Riva buchen.

Largo Medaglie Oro al Valor Militare 5,
38066 Riva del Garda (TN),
T (+39 0464) 55 44 44.
www.gardatrentino.it

EINKAUFEN

La Bottega dello Speck: Wer sich mit regionalen Schmankerln für zu Hause eindecken möchte, wird hier fündig. Es gibt Speck, Hirsch-, Wildschwein- oder Ziegensalami, Almkäse mit Heu umwickelt, natives Olivenöl, Steinpilze, Limoncino, Grappa, Wein und vieles mehr.

Viale San Francesco 8,
38066 Riva del Garda,
T (+39 0464) 55 10 36.
www.labottegadellospeck.shop

Oben: Das Wasserkraftwerk ist weithin sichtbar.
Unten: Spannend! Komplexe Technik in den Tiefen der Anlage

WASSERKRAFTWERK
CENTRALE IDROELETTRICA

Riva del Garda

Familientipp

So kommt der Strom in die Steckdose

Seit mehr als hundert Jahren nutzt das monumentale Kraftwerk Centrale Idroelettrica in Riva das Wasser des Ledrosees, um Strom zu erzeugen. Ein elektrisierender Blick hinter die Welt der Steckdose.

Auf der Uferpromenade des charmanten und mondän anmutenden Städtchens Riva del Garda an der nördlichen Spitze des Lago erhebt sich – einer Kathedrale gleich – das monumentale, leuchtend gelbe **WASSERKRAFTWERK CENTRALE IDROELETTRICA RIVA**. Die mächtigen, parallel verlaufenden Rohre am steilen Hang des Monte Rocchetta an der Rückseite des Gebäudes sind nicht zu übersehen. Seit einigen Jahren kann das Kraftwerk in Rahmen einer für **ERWACHSENE UND KINDER** spannenden Führung besichtigt sowie anschließend in der mit moderner Multimedia-Technologie ausgestatteten Officina dell'Energia, der **ENERGIEWERKSTATT**, spielerisch Strom erzeugt werden.

Erbaut wurde das Wasserkraftwerk in den 1920er-Jahren nach den Plänen des damaligen Stararchitekten **GIANCARLO MARONI** (1893–1952) aus Arco, der auch das Wohnhaus „Vittoriale degli Italiani“ des italienischen Schriftstellers **GABRIELE D'ANNUNZIO** (→ Seite 167) in Gardone Riviera und das Eingangsgebäude zum Wasserfall Varone in Tenno (→ Seite 47) entworfen hat. Die beeindruckende Skulptur **„GENIO DELLE ACQUE“** an der Fassade, von Einheimischen kurz Nettuno, Neptun, genannt, die über die Anlage wacht, ist ein Werk des Rivianer Bildhauers **SILVIO ZANIBONI** (1896–1980). Die lateinische Inschrift darüber, „Dieses Werk ähnelt einem Wassergott inmitten von Tempeln“ („Hoc opus hic labor est et aedibus in mediis numen aquarum“), stammt von Gabriele d'Annunzio.

Als 1929 erstmals Wasser aus dem rund 500 Meter höher gelegenen Ledrosee durch unterirdische Stollen und Aquädukte hier-

CENTRALE IDROELETTRICA

Der Besuch dauert etwa 2 Stunden, nehmen Sie auch im Hochsommer eine warme Jacke mit!

Via Giacomo Cis 13, 38066 Riva del Garda (TN), Infos & Führungen (von Frühling bis Herbst auch auf Deutsch) bei Hydrotour Dolomiti: T (+39 0461) 03 24 86. www.hydrotourdolomiti.it

her gepumpt wurde, entdeckte man am Grund des kristallklaren Bergsees **HISTORISCHE PFAHLBAUTEN AUS DER BRONZEZEIT.** Die 4.000 Jahre alte, heute rekonstruierte Siedlung ist UNESCO-Weltkulturerbe.

Aus Dankbarkeit dafür, dass der risikoreiche Bau des Wasserkraftwerkes ohne größere Unglücksfälle verlaufen war, errichteten die Bergleute im Jahr 1935 die anmutige weiße **KAPELLE SANTA BARBARA**, die auf einer Steilwand hoch über dem Wasserkraftwerk zu schweben scheint und ein beliebtes Ausflugsziel ist (→ Seite 41).

Bis heute gilt das Wasserkraftwerk von Riva in Ingenieurskreisen als Pionierleistung und speist jährlich **80 MILLIONEN KILOWATTSTUNDEN** Strom ins öffentliche Netz.

ERLEBEN

Wandern mit Ausblick: Die Via Ponale, der wohl schönste Wander- und Radweg (Achtung, rasante Radler!) hoch über dem Gardasee, bietet atemberaubende Ausblicke und führt nur wenige Meter vom Wasserkraftwerk entfernt bis zum Ledrosee. Nach etwa 30 Gehminuten treffen Sie auf die Lounge-Bar Belvedere mit herrlicher Aussichtsterrasse.

~

Tretboot fahren: Im malerischen alten Hafen am Lungolago warten zahlreiche knallbunte Tretboote, teils mit Wasserrutschen ausgestattet, auf kleine und große Freizeitkapitäne.

GENIESSEN

Ein Gläschen prickelnden Trentino DOC genießen in einem der Freiluftcafés auf der Bilderbuch-Piazza III Novembre direkt am Hafen. Hier treffen sich frühabends Mountainbiker, Kletterer, Surfer und Wanderer, um sich einen Sundowner zu gönnen – mit Blick auf den Torre Apponale (13. Jahrhundert), den „schiefen Turm von Riva".

Ein unterhaltsames Aha-Erlebnis nicht nur für Technik-Freunde, sondern für die ganze Familie.

Mitarbeiter erklären anschaulich,
wie jeder Tropfen Wasser Energie erzeugt.

Eine Felsgalerie windet sich ganz nahe an den Wasserfall heran.

CASCATA DEL VARONE

Tenno

ERLEBEN ENTDECKEN

Familientipp →

Ein Höllen-spektakel erleben

Schäumende Gischt stiebt und tost, geht als feiner Sprühnebel nieder und ein Regenbogen schwingt sich über das ohrenbetäubende Donnern des Wasserfalls Varone. Ein abenteuerliches Spektakel – wasserscheu sollten Sie allerdings nicht sein.

THOMAS MANN logierte 1901 in Riva und besuchte den nur 3 Kilometer nördlich gelegenen Wasserfall Cascata del Varone. Beeindruckt von der unglaublichen Kraft des Wassers, das hier durch eine enge Felsklamm 98 Meter in die Tiefe stürzt, notierte er in sein **TAGEBUCH**: „Die Besucher waren dicht herangetreten auf schlüpfrigem Felsengrunde und betrachteten, feucht angeatmet und angesprüht, in Wasserdunst eingehüllt, die Ohren überfüllt und dicht verpolstert vom Lärm, dazu Blicke tauschend und mit verschüchtertem Lächeln die Köpfe schüttelnd, das Schauspiel, diese Dauerkatastrophe aus Schaum und Geschmetter, deren irres und übermäßiges Brausen sie betäubte, ihnen Furcht erregte und Gehörstäuschungen verursachte. Man glaubte hinter sich, über sich, von allen Seiten drohende und warnende Rufe zu hören, Posaunen und rohe Männerstimmen." Viele Jahre später (1924) verarbeitete der Schriftsteller diesen Text in seinem berühmten Roman **„DER ZAUBERBERG"**.

Bereits seit 1874 ist die abenteuerliche Klamm zugänglich, die unter anderem auch Prinz Umberto II., Kaiser Franz Joseph I., Franz Kafka, Prinz Nikola von Montenegro oder Gabriele d'Annunzio bestaunten. Heute ist der Wasserfall alles andere als ein Geheimtipp, sondern *der* Touristenmagnet am Nordufer des Gardasees. Dennoch lohnt sich ein Besuch, Sie werden diesen Ort nie vergessen.

Der Eingang befindet sich in einem markanten Gebäude, ein Werk des **ARCHITEKTEN GIANCARLO MARONI** (1893–1952), der auch den Wohnsitz „Vittoriale degli Italiani" des exzentrischen Dichters **GABRIELE D'ANNUNZIO** in Gardone Riviera (→ Seite 167) entwarf. Bereits hier wirbelt Ihnen ein

LA CASCATA DEL VARONE
Sie befindet sich 3 Kilometer nördlich von Riva und ist ganzjährig geöffnet. Auf dem Parkplatz können Sie 2 Stunden gratis parken.

Via Cascata 12, Località le Foci, 38060 Tenno (TN). T (+39 0464) 52 14 21. www.cascata-varone.com

Endlich abkühlen! Ein Sehnsuchtsziel an heißen Sommertagen.

kühler Sprühnebel entgegen. Der Weg zur unteren Aussichtsplattform **GROTTA INFERIORE** windet sich auf einem Holzsteg durch einen Felsstollen, Schritt für Schritt wird das Rauschen stärker und schwillt zu einem ohrenbetäubenden Tosen an. Direkt vor Ihnen grollt der Wasserfall, Gischt schwebt über dem Abgrund, Regenbogen schimmern – ein **ÜBERWÄLTIGENDES NATURSCHAUSPIEL** aus Licht, Luft und Wasser. Hier werden Sie schnell nass bis auf die Haut und sollten selbst im Hochsommer an einen Regenschutz denken (Regencapes gibt's um 2,50 Euro an der Kasse).

Weiter geht es über flache Stufen durch einen herrlichen **BOTANISCHEN GARTEN** mit Palmen, Zypressen, Oliven- und Oleanderbäumchen zur oberen, 40 Meter höher gelegenen **GROTTA SUPERIORE.** Von hier blicken Sie auf die gesamte fast 100 Meter tiefe Donnerwand aus Wasser, die sich mit Wucht durch diese gigantische Schlucht – ausgehöhlt in einer **20.000 JAHRE DAUERNDEN EROSION** – stürzt. Beachten Sie, wenn Sie rechts aus dem „Fenster" schauen, die bizarre Felsformation „Pferdekopf". Sie ist etwa 30 Meter hoch, und wenn Sie genau hinsehen, können Sie die Nüstern und 20 Meter weiter oben den ganzen Kopf und die Schatten der Augen erblicken.

Planen Sie für den Rundgang rund 30 Minuten ein. Am Eingang finden Sie eine Kaffeebar mit Picknicktischen im Freien sowie einen Souvenirshop. Hier können Sie vor oder nach dem Besuch des Wasserfalls auch selbst mitgebrachte Speisen verzehren.

Durch einen botanischen Garten geht's zur oberen Grotte.

ERLEBEN

Wandern nach Tenno: Vom Parkplatz des Wasserfalls Varone führt der schöne Wanderweg Sentiero di Gola durch Olivenhaine über Tenno und Canale di Tenno zum idyllisch gelegenen Lago di Tenno (→ Seite 55), in dem Sie auch baden können. Höhenunterschied: rund 500 m, Länge 10 km, Dauer: etwa 2,5 Stunden.

Das elegante Städtchen Riva erkunden: Es ist jedes Mal eine Freude, durch die Gassen von Riva zu schlendern, einen *caffè* auf der Piazza del Brolio mit Blick auf die Wasserburg Rocca und den See zu genießen oder eines der bunten Tretboote im Hafen zu mieten.

Oben: Balsamico reift wie edler Wein in Holzfässern.
Unten: Hausgemachtes kommt im Ristorante auf den Tisch.

ACETAIA DEL BALSAMICO TRENTINO

Tenno

Balsamico-Essig vom Gardasee probieren

Ivo Bombardelli produziert als Einziger im Trentino Aceto Balsamico auf traditionelle Weise. Und der ist etwas ganz Besonderes. Ein Besuch in der Balsamico-Manufaktur.

Was landläufig unter dem Namen Aceto Balsamico in Supermarktregalen steht, ist selten das, was man zu kaufen glaubt. Während Industrieprodukte flugs aus verschiedenen Ingredienzen zusammengemischt werden, erfordert die Herstellung eines **NATÜRLICHEN ACETO BALSAMICO** jahrelangen Einsatz und viel **LIEBE ZUM PRODUKT.** Je länger die edle Essenz reift, desto besser. Haben Sie eine Idee, wie viel Aceto Balsamico von ursprünglich 1.000 Litern frisch gepresstem Traubensaft nach 16- bis 20-stündigem Einkochen bei 85 Grad übrig bleiben? Etwa 380 Liter, von denen während der Reifung in Holzfässern noch weitere 5 bis 7 Prozent jährlich verdunsten. Kein Wunder, dass solch eine Kostbarkeit schier unerschwinglich für den normalen Hausgebrauch erscheint – 39 Euro berappt man schnell für ein 250-Milliliter-Fläschchen. Doch schon **EIN, ZWEI SÄMIGE TROPFEN** davon zum Beispiel auf Parmesansplittern machen glücklich.

Wir sitzen jetzt aber nicht in einer Acetaia, Balsamico-Manufaktur, in Modena – in der Region Emilia-Romagna gelegen –, woher der Aceto Balsamico eigentlich stammt, sondern in Cologno di Tenno, auf halbem Weg von Riva del Garda zum berühmten Wasserfall Varone (→ Seite 47). Hoch auf einem Hügel hat sich **IVO BOMBARDELLI** ein Imperium, das er bescheiden **AGRITURISMO** nennt, der besonderen Art erschaffen: ein modernes Landgut mit Acetaia, Weinkellerei, Restaurant, Käserei und B&B. Hier produziert er **FEINSTEN ACETO BALSAMICO** nach der traditionellen Methode. Seit 2009 tüftelte er, um auch im hohen Norden den dunkelbraunen Essig zu gewinnen. Als perfekte Alternative zur in Modena

UNTERWEGS
MIT PLAN

ACETAIA DEL BALSAMICO TRENTINO

Preis für geführte Touren mit anschließender Verkostung: 10 bis 22 Euro. Eine Anmeldung ist erforderlich.

Strada di San Zeno 2. 38060 Cologna di Tenno (TN). T (+39 0464) 55 00 64. www.acetaiadelbalsamico.it

Schlemmen mit Seeblick

verwendeten Trebbianotraube erwiesen sich Bombardellis **GEWÜRZTRAMINERTRAUBEN**, die er auf 500 Metern Höhe kultiviert und die Ende August, Anfang September geerntet werden.

Nach der schonenden Pressung der Trauben erfolgt die *cottura*, ein **BIS ZU 20 STUNDEN LANGES EINKOCHEN** des frischen Mostes, der anschließend in einer Serie von unterschiedlich großen, mit einem Leinentuch verschlossenen Holzfässern aus verschiedenen Holzarten bis zu elf Jahre reift: Eiche, Maulbeerbaum, Kirschholz, Kastanie, Akazie, Esche, Wacholder und Birnbaum, die verschiedene Aromen und Farbnuancen erzeugen. Jedes Jahr wird der sirupartige Most von einem Fass ins nächste gefüllt, so wie es die Tradition vorschreibt. Belohnt wird die Geduld mit einer **GESCHMACKSEXPLOSION** aus mild-dezenter Säure und nachhaltiger Süße. Unser Favorit ist der 10 Jahre gereifte **BALSAMICO GRAN CRU**, der mit pikanten Speisen wie gegrilltem Fleisch oder Käse sowie mit Süßem wie Pannacotta oder *semifreddi*, halb gefrorenen Desserts, Erdbeeren oder Obstsalat harmoniert.

Das Auge isst mit: Das gilt im angeschlossenen Restaurant nicht nur für die angerichteten **TRENTINISCHEN SPEZIALITÄTEN** – alle aus Eigenproduktion –, sondern auch für den herrlichen Ausblick von der Terrasse auf den See und die umliegenden Berge.

Echten Balsamico erkennen wir ab sofort an der Zutatenliste, auf der schlicht mosto d'uva cotto steht, da der Essig lediglich aus eingekochtem Traubensaft besteht.

ZU HAUSE NACHKOCHEN

PANNACOTTA MIT ACETO BALSAMICO

Zutaten für 4 Portionen
600 g Schlagobers, 75 g Zucker, 6 Blätter Gelatine, 1 Vanilleschote; 600 g Erdbeeren, 3 EL Zucker, 2 EL Aceto Balsamico Grand Cru

Zubereitung
Die Gelatine in kaltem Wasser einweichen.

Das Schlagobers mit dem ausgekratzten Vanillemark und der Schote aufkochen lassen. Den Topf vom Herd nehmen. Den Zucker unter Rühren darin auflösen und die Vanilleschote entfernen.

Die Gelatine ausdrücken und unter Rühren im heißen Schlagobers auflösen.

Die Masse in kleine Förmchen oder Tassen gießen und abkühlen lassen. Für mindestens 4 Stunden in den Kühlschrank stellen.

3 EL Zucker in einer Pfanne schmelzen lassen und die gewaschenen und geputzten Erdbeeren darin kurz schwenken.

Die Förmchen mit der Pannacotta kurz in heißes Wasser tauchen und auf einen Teller stürzen, die Erdbeeren rundherum anrichten und Aceto Balsamico darüberträufeln. Rasch servieren.

Ein verborgenes Juwel: das autofreie Canale di Tenno

EIN VERTRÄUMTES KLEINOD

Canale di Tenno

Familientipp

Durch ein Künstlerdorf flanieren

Ein Ausflug nach Canale di Tenno, einem der schönsten Dörfer Italiens, ist nicht nur wegen seiner mittelalterlichen und verschachtelten Häuser reizvoll, sondern auch wegen des smaragdgrünen Lago di Tenno, in dem Sie auch baden können.

Eingebettet in silbrig-grün schimmernde Olivenhaine klammert sich das **PITTORESKE CANALE DI TENNO** auf 600 Metern Höhe an einen Hang, nur wenige kurvenreiche Autominuten von Riva del Garda entfernt. Urkundlich erwähnt wurde das Bergnest erstmals 1211 und seitdem hat sich hier nur wenig verändert: Entlang der steilen, mit Flusskieseln gepflasterten Gässchen schmiegen sich liebevoll instand gehaltene Bruchsteinhäuser mit blumengeschmückten Holzbalkonen, kleinen Innenhöfen, Laternen und Bogengängen, den sogenannten *porteghi*, aneinander. Nur noch rund 40 Menschen wohnen ganzjährig in dem historischen Ortskern, der zu den **BORGHI PIÙ BELLI D'ITALIA**, den schönsten Dörfern Italiens, zählt.

Autos, Trubel oder Souvenirläden gibt es in Canale di Tenno nicht, dafür winzige Ateliers, Kunstwerke in versteckten Winkeln und eine einzige Gaststätte, die **LOCANDA DEL BORGO**. Hier können Sie Spezialitäten wie *taglieri*, lokale Salami- und Käsesorten auf einem *tagliere*, einem Holzbrett, serviert, oder die trentinische Delikatesse *carne salada*, hauchzart aufgeschnittenes Rindfleisch, das man roh – mit Olivenöl vom Gardasee beträufelt – oder kurz angebraten mit weißen Bohnen isst, probieren.

Zum Glück wurde das nach dem Zweiten Weltkrieg verwaiste Dorf in den 1960er-Jahren von engagierten Künstlern aufwendig restauriert und als Kunst- und Kulturhotspot wiederbelebt. Mitten im Ort befindet sich die **CASA DEGLI ARTISTI**, ein Künstler-

UNTERWEGS MIT PLAN

CANALE DI TENNO zählt zu den Borghi più belli d'Italia (den schönsten Dörfern Italiens).

www.borghipiubelliditalia.it
Weitere Informationen:
www.gardatrentino.it

haus, eine Wohn- und Begegnungsstätte für **KUNSTSCHAFFENDE AUS GANZ EUROPA**, in dem Ausstellungen, Workshops und Seminare stattfinden.

Im Sommer lockt Canale di Tenno **MOUNTAIN- UND E-BIKER SOWIE WANDERER** an. Ein schöner Kiesweg führt vom historischen Ortskern zum idyllisch gelegenen **LAGO DI TENNO**, einem der saubersten Seen Italiens, der je nach Lichteinfall **AZURBLAU ODER SMARAGDGRÜN** strahlt. Man bekommt sofort Lust, sich wie die Einheimischen an den Kiesstrand zu legen oder in das kristallklare Wasser zu springen. Entstanden ist der kreisrunde See rund um das Jahr 1100, als ein gewaltiger Erdrutsch den Verlauf des Rio Secco blockierte – auf dem 50 Meter tief liegenden Seegrund findet man noch **FOSSILE RESTE EINES WALDES.** Wer will, kann den kleinen Lago in einer knappen Stunde umrunden und sich anschließend einen *caffè* oder ein *gelato* im kleinen Strand-*chiosco* gönnen.

Sie wollen dem Trubel am Seeufer entkommen? Hier finden Sie den perfekten Kontrast.

Anfang August findet in Canale di Tenno das weithin berühmte **MITTELALTERFEST RUSTICO MEDIOEVO** statt. Mit verkleideten Rittern, Hofdamen, Narren und Minnesängern, bis zum Schwertkampf und dem Kochen mittelalterlicher Speisen auf offenem Feuer. Italiener besuchen das Dorf außerdem gerne an den **ADVENTWOCHENENDEN**, wenn sich ein stimmungsvoller **WEIHNACHTSMARKT** mit Kunsthandwerk und regionalen Produkten durch die engen Gassen, Innenhöfe und die Gewölbekeller der alten Steinhäuser windet.

Schön: Bewaldete Hänge spiegeln sich im kristallklaren Tennosee.

ANSCHAUEN

Museo degli Attrezzi Agricoli: In dem entzückenden Bauernmuseum im historischen Ortskern bekommen Sie einen Eindruck davon, wie hart die Bewohner einst auf den steilen Feldern schufteten. Zu den Ausstellungsstücken zählen: die Gerle (Tragekörbe für den Rücken), Schöpfkellen, Butterfässer und Getreidemühlen. Der Eintritt ist frei. Öffnungszeiten: 1. Juli bis 31. August, 9 bis 12.30 Uhr und 14 bis 18 Uhr. Montags geschlossen.

Borgo Medievale di Canale, 38060 Tenno (TN).

ERLEBEN

Wandern auf den Monte Calino: Von Canale di Tenno führt ein Wanderweg über den Lago di Tenno zur Berghütte „San Pietro" auf den Monte Calino mit fantastischem Blick auf den Gardasee. Hier tummeln sich Ziegen, Hühner, Schafe und Kaninchen – ein ideales Ausflugsziel für Kinder, auch per Auto zu erreichen.

Località Monte Calino, 38060 Tenno (TN), T (+39 0464) 50 06 47. www.rifugiosanpietro.eu

~

Das Monument „Vicinia delle Ville del Monte": Auf der Straße Richtung Calvola (und Rifugio San Pietro) kommen Sie an vier lebensgroßen Bronzestatuen vorbei. Sie erinnern an die ehemals autonome Verwaltung von Canale di Tenno und den umliegenden Dörfern.

Oben: Das Museum des Omkafè
Unten: Ein Glücksort für Kaffee-Liebhaber

KAFFEERÖSTEREI OMKAFÈ

Arco

KULINARIK
GENIESSEN

In die Welt des Kaffees eintauchen

„Ah, diese *crema*!", luftig, haselnussbraun und feinporig krönt sie jeden Espresso. *Il caffè* ist für Italiener mehr als nur ein Getränk: Er ist beinahe ein heiliges Ritual, das mehrmals täglich zelebriert wird. Ein Besuch in der Rösterei Omkafè.

Sich morgens ohne *caffè*, damit ist in Italien übrigens stets **ESPRESSO** gemeint, für den Tag zu rüsten, ist für die meisten Italiener ein Ding der Unmöglichkeit. Auf dem Weg zur Arbeit stoppt man in der Bar ums Eck, gönnt sich am Tresen im Stehen (!) einen *caffè* und süße *brioche* – zuerst das Vergnügen, dann die Arbeit. So viel Zeit muss sein.

„Il caffè per essere buono, deve essere nero come la notte, dolce come l'amore e caldo come l'inferno", sagt ein **ITALIENISCHES SPRICHWORT** und meint: Guter Kaffee muss schwarz wie die Nacht, süß wie die Liebe und heiß wie die Hölle sein. Zucker? *Naturalmente!* Umrühren? Jetzt beginnt die **FACHSIMPELEI**: Nicht zu viel, raten die einen, sonst kühlt der *caffè* zu schnell aus. Niemals, so die anderen: Löst sich *lo zucchero* langsam auf, wird der Kaffee bei jedem Nippen süßer und den köstlichsten Schluck genießt man am Schluss. Mein süditalienischer Mann frönt wie viele Italiener einem besonderen Ritual: Er taucht den Löffel in den Espresso, benetzt den Tassenrand mit dem Löffelrücken. So küssen sich Lippen und *il caffè* bereits vor dem ersten Schluck.

Was exzellenten Kaffee wirklich ausmacht, erfahren wir im sehenswerten **OMKAFÈ IN ARCO**, nur wenige Kilometer von Riva entfernt. In der 1947 von **OTTORINO MARTINELLI** (= OM) und dessen Frau gegründeter Kaffeerösterei, die heute bereits in dritter Generation geführt wird, können wir das schwarze Elixier bei freundlicher Beratung (auch auf Deutsch) gratis verkosten.

Ähnlich wie bei Wein lernen wir, auch bei Kaffee Variationen wie süß, würzig, blumig, fruchtig oder nussig zu erschmecken. Unsere Lieblingsmischung: „Omkafè Platino", der einen samtigen Nachgeschmack von Haselnuss, Kakao, Kastanienhonig und Pflaume auf dem Gaumen hinterlässt.

MIT PLAN

OMKAFÈ

Der Eintritt in das Kaffeemuseum ist frei.

Via Aldo Moro 7, 38062 Arco (TN), T (+39 0464) 55 27 61. www.omkafe.com (mit Onlineshop)

„**PAPST CLEMENS VIII.** verdammte den Kaffee aufgrund seiner energieverleihenden und anregenden Wirkung als Teufelsgetränk. Als er ihn aber selbst probierte, taufte er ihn positiv überrascht in ein ‚**CHRISTLICHES GETRÄNK**' um", ist auf einer Schautafel im liebevoll eingerichteten **KAFFEEMUSEUM** im ersten Stockwerk der Rösterei zu lesen. Hier machen wir eine Reise durch die Geschichte des Kaffees und seiner Herstellung, angefangen beim Anbau und den Ursprungsländern bis hin zur Röstung.

Egal ob Kaffee, Kaffeemühle oder Tasse: Wer sich oder Kaffeefans eine Freude machen will, wird im hauseigenen Shop fündig.

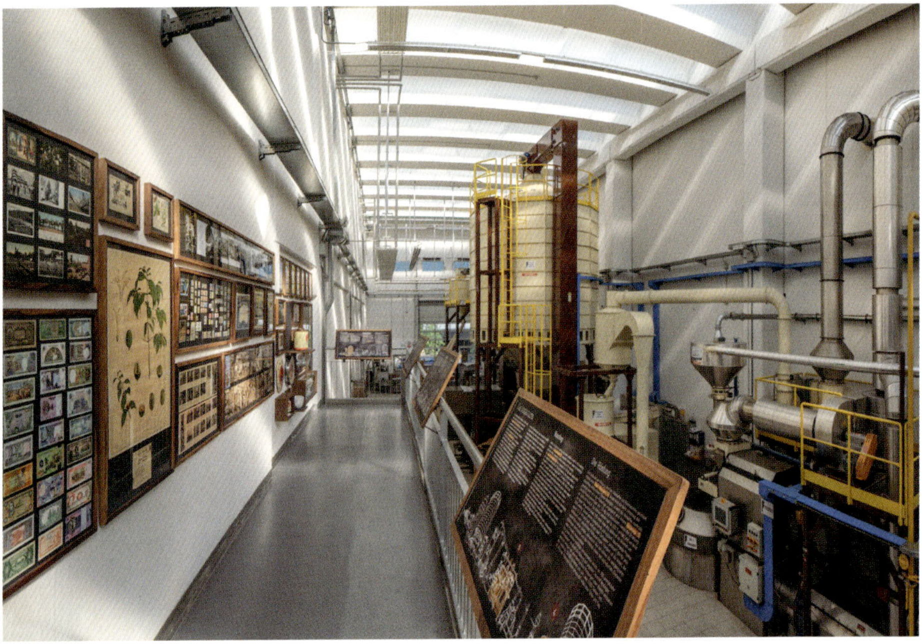

Von der Galerie aus kann man Röstmeistern beim Arbeiten zusehen.

Ab sofort genießen wir Kaffee mit allen Sinnen.

KAFFEE TRINKEN WIE DIE ITALIENER

EIN KLEINER KAFFEE-GUIDE

Caffè – Espresso

Caffè corretto – Espresso „korrigiert“ mit einem Schuss Hochprozentigem, meist Grappa

Caffè shakerato – Heißer Espresso mit Eiswürfel im Shaker kalt „geschüttelt“, serviert im Glas

Cappuccino, kurz Cappuccio – Espresso mit aufgeschäumter Milch und Kakaopulver

Espressino – Mini-Cappuccino, meist in einem Glastässchen serviert

Caffè latte – Milchkaffee

Caffè macchiato – Espresso mit einem Klecks aufgeschäumter Milch

Caffè doppio – doppelter Espresso

Caffè ristretto – extra starker Espresso mit wenig Wasser

Caffè ginseng – Espresso mit Ginseng

Caffè americano, auch **caffè lungo** – Filterkaffee

Caffè decaffeinato – koffeinfreier Espresso

GENIESSEN

Craftbeer verkosten: Die moderne Brauerei **Birra artigianale Impavida** ist fest in Frauenhänden. Serena Crosina und Raimonda Dushku produzieren ungefilterte und nicht pasteurisierte Craftbiere, nur 1 Kilometer vom Omkafè entfernt. Verkostungen: ab 16.30 Uhr. Brauereibesichtigung gegen Voranmeldung.

Via Sabbioni 9/A, 38062 Arco (TN),
T (+39 0464) 63 00 28.
www.birraimpavida.com

Kaffee-Aromen erschnuppern

Inmitten von Weingärten und Olivenhainen
liegt das charmante Weingut Madonna delle Vittorie.

WEINGUT MADONNA DELLE VITTORIE

Arco

KULINARIK GENIESSEN

Vom Wind verwöhnte Weine kosten

Viel Sonne, steile Hänge und die verlässlich wehenden Gardasee-Winde Ora und Pelèr: Am Trentiner Nordufer des Lago sind die Bedingungen ideal für spritzigen Spumante, frische Weißweine und kräftige Rote. Ein Besuch im Weingut Madonna delle Vittorie.

An der schönen Kellerei Madonna delle Vittorie, die sich am Ortsrand von Arco in der buchtartigen Ebene zwischen Riva und Torbole – von Einheimische **LA BUSA** genannt – versteckt, kommt man als Tourist nicht zufällig vorbei, sondern nur, weil man gezielt danach sucht, vielleicht nachdem jemand davon geschwärmt hat. Selbst vom Parkplatz aus ist nicht zu erkennen, dass sich hinter dem gepflegten Gutshof ein **KLEINES PARADIES** erstreckt: Die Reben wachsen hier in langen Reihen vor der Türe, im Garten warten liebevoll eingedeckte Tische auf Gäste und im silbrig schimmernden Olivenhain summen Bienen.

ANNA MARZADRO hat sich vor einigen Jahren den **TRAUM VOM EIGENEN WEINGUT** erfüllt, und es ist unglaublich, was die fleißige Winzerin alles auf die Beine stellt! Sie bewirtschaftet rund 40 Hektar Land, presst Oliven in der **HAUSEIGENEN ÖLMÜHLE** zu duftigem und prämiertem Olio Extra Vergine di Oliva Garda, vermietet zwei Zimmer und betreibt nebenbei ein **RISTORANTE**, das ebenfalls auf dem Weingut untergebracht ist.

Ihren Erfolg, sagt Anna, während wir durch den Weingarten stapfen, verdanke sie vor allem den berühmten Gardasee-Winden, nach denen sie ihre Uhr stellen könne: Vormittags bläst verlässlich vom Norden der **PELÈR**, nachmittags weht sein Gegenstück, die **ORA**, vom Süden. Die beiden Winde sorgen dafür, dass die Trauben nach Regenfällen schnell trocknen und frei von Fäulnis oder Schimmel zu prallen, aromatischen Früchten reifen.

MIT PLAN

MADONNA DELLE VITTORIE

Weinverkostungen und -kauf sind jederzeit möglich, geführte Besichtigungen nur nach vorheriger Anmeldung.

Via Linfano 81, 38062 Arco, T (+39 0464) 50 55 542. www.madonnadellevittorie.it

~

INFOPOINT ARCO

Via delle Palme 1. 38062 Arco, T (+39 0464) 53 22 55. www.gardatrentino.it

Im großen modernen Verkaufsraum können die Weine verkostet werden: Zum Beispiel **WEISSER NOSIOLA**, den Trentiner gerne zum *aperitivo* genießen, strohgelber **D'EVA**, gekeltert aus Muskateller-Trauben, die auf einem Weinberg hoch über Arco gedeihen, aber auch rubinrote Weine wie **LAGREIN DUNKEL**, der in französischen Eichenfässern gereifte **TEROLDEGO** oder unser Lieblingswein **TRENTO DOC**, der nach der **METODO CLASSICO** wie französischer Champagner aufwendig in Flaschen vergoren wird. Neben Wein finden Sie feinsten Grappa,

Im Keller reifen Spitzenweine.

Zu Antipasti ist Leichtigkeit angesagt.

den Anna Marzadros Familie seit 1949 in der **DISTILLERIA MARZADRO** (www.marzadro.com) erzeugt.

Im **RISTORANTE** verarbeitet der Küchenchef Trentiner (Bio)Produkte zu erstklassigen Gerichten. Es gibt Alpensaibling in Brotkruste, Tortelloni gefüllt mit Kaninchenfleisch und Oliven oder bis zu 80 Tage lang gereifte Fiorentiner T-Bone-Steaks. Nudeln und Desserts sind hausgemacht, das Fleisch stammt aus eigener Produktion – das schmeckt man.

An frischem Wein nippen, schlemmen, einen Gang runterschalten. La vita è bella!

ANSCHAUEN

Castello di Arco: Vom *centro storico* Arcos führt ein 20-minütiger Spaziergang zu den Ruinen der Burg (12. Jahrhundert), die auf einem steil abfallenden Felsen 120 Meter hoch über der Stadt thronen. Spektakulär ist die Aussicht vom Belvedere, einem gläsernen Aussichtsbalkon, der über dem Abgrund schwebt.

Via Castello 10, 38062 Arco (TN).

ERLEBEN

Radeln und baden: Dass es in Arco, dem Hotspot für Kletterer aus ganz Europa, auch einen schönen Strand mit Liegewiese gibt, ist (noch) ein Geheimtipp. Der Lido di Arco erstreckt sich neben dem Radweg von Riva nach Torbole, der die beiden Orte mit Arco verbindet.

~

Sich austoben im Kletterparadies: Rund um Arco finden Sie anspruchsvolle, hohe Wände für Geübte und Extremkletterer sowie kleinere Felsen, an denen sich Anfänger (auch Kinder) ausprobieren können.

www.gardatrentino.it

EINKAUFEN

Erst kosten, kann kaufen: Unterwegs auf der **Strada Vino e Sapori Trentino** können Sie Wein, Olivenöl, Grappa, Craftbier, Ziegen- oder Almkäse, Speck oder Honig direkt vom Produzenten kaufen.

www.tastetrentino.it/vino

Canyoning: Abseilen und über glitschige Felsen rutschen

GARDASEE SPONTAN

MIT KINDERN

So wird der Urlaub für die lieben Kleinen – und auch für Größere – unvergesslich.

1 ESEL-TREKKING AUF DER ZANGA-ALM

Wandern mit kleinen Kindern, ganz ohne Quengeln – auf dem Rücken gutmütiger Esel. Dann ist plötzlich der Weg das Ziel. Kinder reiten, Eltern führen die Tiere. Halbtages- sowie mehrtägige Touren.

Strada Provinciale del Monte Velo 3, 38062 (Trento), 10 Kilometer von Arco entfernt. Anmeldung: T (+39 320) 17 23 752. www.malgazanga.com

2 CANEVAWORLD & MOVIELAND

Riesenrutschen für alle Wasserratten im größten Wasserpark am Gardasee. Spektakulär: „Stukas Boom" mit senkrechtem Neigungswinkel am Start, „Frozen Bob", auf der man mit dem Kopf voran ins Wasser saust. Im Movieland nebenan sorgen Stuntshows, Filmkulissen und Abenteuershows für Action.

Via Fossalta 58, 37017 Lazise (VR), T (+39 045) 69 69 900. www.canevaworld.it

3 STICKL SPORTCAMP

Wind- und Kitesurfen, Segeln, Stand-up-Paddling oder Foiling im Sportcamp des Surfweltmeisters (1976) Heinz Stickl. Kinderbetreuung, während die Eltern Kurse besuchen.

Via Gardesana 144/B, 37018 Malcesine (VR), T (+39 045) 65 70 988. www.stickl.com

4 CANYONING – ADRENALIN PUR!

Durch Schluchten springen, rutschen, einem Flusslauf folgen: Thomas Engels, lizenzierter Canyoning-Guide aus Deutschland, kennt auch einfache Schluchten für Kinder und Anfänger. Perfekte Abkühlung an heißen Sommertagen.

SKYclimber, Via Dalco 3, 25010 Tremosine (BS), T (+39 348) 19 97 199. www.skyclimber.it → *S. 187*

5 HYDROTOUR DOLOMITI

Bei einer Führung durch das Wasserkraftwerk in Riva lernen Besucherinnen und Besucher die Welt hinter der Steckdose kennen. Ferienerlebnis ohne Rummel!

Via Giacomo Cis 13, 38066 Riva del Garda (TN), Anmeldung: T (+39 0461) 03 34 86. www.hydrotourdolomiti.it → *S. 43*

Schwindelfreie werden hier mit einem Traumblick belohnt.

PANORAMAWEG BUSATTE-TEMPESTA

Nago-Torbole

Abenteuerlich wandern auf Eisentreppen

Der Panoramasteig, der sich über schier endlos lange Metalltreppen hoch über dem See von Busatte nach Tempesta windet, gehört zu den spektakulärsten und zugleich einfachsten am Nordufer – ein Spaziergang zwischen Himmel und Erde.

Ausgangspunkt der abenteuerlichen Rundwanderung ist der Ortsteil **BUSATTE**, der sich oberhalb von Torbole, dem Hotspot der Windsurfer und Segler, an einen Berghang schmiegt. Vom Parkplatz des Abenteuerspielplatzes **PARCO AVVENTURA BUSATTE** spazieren Sie vorbei an einer kleinen, von Olivenbäumchen umgebenen Bar – der einzigen Einkehrmöglichkeit übrigens – zum **HOCHSEILGARTEN BUSATTE**, wo der gut ausgeschilderte Panoramaweg **BUSATTE – TEMPESTA SENTIERO PANORAMICO** startet.

Der Pfad verläuft anfangs mit geringen Steigungen durch einen schattigen Mischwald und schlängelt sich an einem auslaufenden Berghang des **MONTE BALDO** hoch über dem See entlang. Die Wanderung ist familienfreundlich, wegen der Treppen allerdings nicht geeignet für Kinderwägen. Nach etwa 10 Minuten erreichen Sie eine kleine Lichtung mit einer **NATÜRLICHEN, FELSIGEN AUSSICHTSPLATTFORM**, auf der eine kleine Bank thront: Sonnenschein, strahlend blauer Himmel, ein See, in dem sich die Berge, Wälder und kleinen Städte wie Riva del Garda oder Torbole spiegeln. Schöner kann ein Sommertag am Lago di Garda nicht sein.

Das Highlight des Panoramawegs sind jedoch die gut gesicherten, leuchtend grünen Eisentreppen. Die erste, die **SALT DE LA CAVRA**, lässt nicht lange auf sich warten und führt in schwindelerregender Konstruktion mit 116 Stufen an einer steilen Felswand anfangs fast senkrecht, später als fast ebener Steg über eine Felskante bergab. Am Beginn

UNTERWEGS

MIT PLAN

NAGO-TORBOLE
Die Gemeinde setzt sich aus Torbole, dem oberhalb gelegenen Nago und Tempesta zusammen.

~

INFO POINT
Via Lungolago Conca d'Oro 25, 38069 Nago-Torbole, T (+39 0464) 50 51 77. www.gardatrentino.it

~

SENTIERO PANORAMICO BUSATTE – TEMPESTA
Ausgangspunkte: Parkplatz Torbole oder Parkplatz Parco Avventura Busatte. Gehzeit: ca. 3 Stunden. Höhenunterschied: 320 Meter.

~

PARCO AVVENTURA BUSATTE
Abenteuerpark mit Hochseilgarten jeglichen Schwierigkeitsgrades (ab einer Größe von 125 cm), BMX- und Mountainbike-Tracks, Volley- und Basketballfeldern, Liegewiese und Bar.

Via Marocche, Località Busatte, 38069 Nago-Torbole, Tel (+39 347) 28 80 570. www.busatteadventure.it

der Treppe öffnet sich erneut ein atemberaubender Panoramablick über den See. Es folgen zwei weitere Treppen, die **CORNO DI BÒ** mit 238 Stufen, die über kleine Schluchten führt, und schließlich die **VAL CALCAROLE** mit nur 33 Stufen. Für **MAGENKRIBBELN UND SPANNUNG** sorgt, dass Sie stets auf Gitterwegen schön luftig über dem See wandern und daher durchgehend Aussicht nach unten haben – an Höhenangst sollten Sie nicht leiden!

Angekommen beim Schild *Fine Sentiero*, Ende des Weges, können Sie sich entscheiden: Wer keine Lust mehr hat zu wandern, folgt dem Hinweis *Fermata Autobus*, und kehrt mit dem Bus, der im Sommer mehrmals täglich verkehrt, zurück nach Torbole. Wer den Abenteuertag verlängern will, wagt sich in den **HOCHSEILGARTEN** des **PARCO AVVENTURA BUSATTE** – ein Kletterspaß nicht nur für Kinder, sondern auch für Erwachsene. Auf fünf verschiedenen Kletterrouten in 2 bis 15 Metern Höhe kann sich jeder, egal ob sportlich oder nicht, leicht oder schwer, spielerisch an seine eigenen Grenzen heranwagen.

Hier haben Sie die Schönheit des Sees bei jedem Schritt im Blick!

Blick auf den markanten Monte Brione (376 m) bei Riva

ANSCHAUEN

Casa del Dazio: Das blumengeschmückte Zollhäuschen auf der Mole des kleinen Hafens in Torbole ist ein Juwel. Es markierte bis 1918 die Grenze zwischen Italien und Österreich, gehört heute den Besitzern des Hotels Tonelli und ist auf Anfrage zu besichtigen.

Via Benaco 26,
38069 Nago-Torbole. Hotel Tonelli.
www.tonellihotels.com/de/casa-del-dazio

~

Casa Alberti: „Heute habe ich an der Iphigenie gearbeitet, es ist im Angesicht des Sees gut vonstatten gegangen", ist auf einer Gedenktafel über dem Brunnen der Casa Alberti zu lesen und erinnert daran, dass Goethe 1786 kurzzeitig hier gewohnt hat.

Piazza Goethe 8, 38069 Torbole (TN).

ERLEBEN

Segeln oder surfen lernen: Im Surfclub Segnana können Sie (auch Kinder) unter anderem Windsurf- oder Segelschnupperkurse buchen. Oder Stand-up-Paddles, Kajaks, Fahrräder – auch E-Bikes – mieten.

Foci del Sarca, 38069 Torbole (TN),
T (+39 0464) 50 59 63.
www.surfsegnana.it

Aufatmen am Ostufer –
in sattem Grün, im warmen Wasser
und in luftigen Höhen

Spontan MIT PLAN

OST-UFER

Über den Bergrücken schweben – wunderschön!

MONTE BALDO

Malcesine

Wandern im Garten Europas

Er gilt als der Hortus Europae: Auf dem höchsten Berg am Gardasee gedeihen zahlreiche seltene Pflanzen. Viele Arten überlebten auf den schneefreien Gipfeln die letzte Eiszeit – eine wahre Fundgrube für die Botaniker unter den Wanderern.

Die spektakulärste und bequemste Art, den Monte Baldo zu erobern, ist eine Fahrt mit der runden Panoramagondel **FUNIVIA PANORAMICA**, die vom mittelalterlichen Dorf Malcesine startet, sich während der Fahrt langsam um 360 Grad dreht und fast lautlos zur **BERGSTATION TRATTO SPINO** auf 1.760 Metern Höhe surrt. Hier angekommen, können Sie sich erst einmal einen Cappuccino gönnen, von der Aussichtsterrasse einen gigantischen Blick auf den See genießen und den Tag in Ruhe angehen.

Der über 30 Kilometer lange und bis zu 11 Kilometer breite Gebirgszug des Monte Baldo gilt als der **GARTEN EUROPAS**: Seit der Renaissance erklimmen Forscher und Mediziner die Hänge und entdeckten über 1.600 Pflanzenarten. Vor allem im Frühling sind die Almwiesen ein **FEST DER FARBEN**: zartes Storchenschnabel-Lila, kräftiges Enzianblau, sonnengelbe Trollblumen, das frische Pink wilder Pfingstrosen oder das Dunkellila des Eisenhutes. Weil die über 2.000 Meter hohen Bergzacken des Monte Baldo eisfrei aus dem umgebenden Gletscherstrom der letzten Eiszeiten ragten, überlebte hier so manche Rarität die große Kälte.

Auf dem Bergrücken finden Sie zahlreiche **WANDERWEGE**, vom familienfreundlichen Rundweg bis hin zu anspruchsvollen (Weit)Wanderrouten. Hier begegnen Sie Kühen, Schafen und mit Glück sogar Murmeltieren, Gämsen oder Adlern. Müde Füße könne Sie in gemütlichen Hütten mit schönen Sonnenterrassen, die rasch magnetische Kräfte entwickeln, ausruhen.

Das gesamte Bergmassiv zählt außerdem zu den schönsten **MOUNTAINBIKE-REVIEREN** am See, aber auch zu den steilsten. Doch es müssen ja nicht gleich der „Sentiero 601“, eine **LEGENDÄRE DOWNHILL-**

UNTERWEGS

MIT PLAN

TOURIST INFO MALCESINE
Via Gardesana 238, 37018 Malcesine (VR), T (+39 045) 74 00 044. www.visitmalcesine.com

~

FUNIVIA DEL MONTE BALDO
Via Navene Vecchia 12, 37018 Malcesine (VR), T (+39 045) 74 00 206. www.funiviedelbaldo.it (mit Tourenvorschlägen für Wanderungen)

STRECKE, oder der technisch anspruchsvolle **ENDURO-TRAIL** mit mörderischen Rampen sein. Radl-Spaß für die ganze Familie stellt sich auf der „**RED TOUR**", der einzigen leichteren Route, ein: Man lässt sich samt Bike von der Gondel auf den Berg bringen und rollt von hier rund 35 Kilometer nach Torbole (50 Kilometer, wenn man von Torbole zum Ausgangspunkt Malcesine zurückradelt).

Auch bunte Gleitschirme sind auf dem Monte Baldo ein vertrauter Anblick. **PARAGLEITER** und **DRACHENFLIEGER** nutzen beim Absprung geschickt die Aufwinde und kreiseln in Sekundenschnelle in luftige Höhen. Und im Winter, wenn die Gipfel verschneit sind, können Sie hier sogar **SKI FAHREN** – mit Seeblick.

Balsam für die Seele: der Tiefblick auf den See

ERLEBEN

Den Absprung wagen: Per Tandemflug können Sie endlich fliegen – vom Monte Baldo nach Malcesine. Altersbeschränkungen gibt es keine, Vorkenntnisse sind nicht nötig.

Info und Buchung: Fly 2 Fun, T (+39 334) 94 69 757. www.tandemparagliding.eu

GENIESSEN

Rifugio Altissimo Damiano Chiesa: Eleonora Orlandi verwöhnt Gäste mit regionalen Gerichten wie Knödel in Salbeibutter, Rindsragout mit Polenta oder *taglieri*, hausgemachtem Bergkäse, Speck und Salami auf einem Holzbrett serviert. Die Hütte ist nur zu Fuß erreichbar.

Località Monte Altissimo, Brentonico (TN), T (+39 0464) 86 71 30. https://rifugioaltissimoda.wixsite.com/homepage

~

Ristorante La Capannina: Regionale Schmankerl wie Spinatnocken, gebadet in Salbeibutter, oder Tagliatelle mit Steinpilzen probieren, danach in Liegestühlen das Gesicht der Sonne entgegenrecken, während die Kids auf dem Spielplatz toben – Erholung pur! Nur wenige Gehminuten von der Bergstation entfernt.

T (+39 045) 65 70 081. www.lacapanninamontebaldo.com

Der Monte Baldo ist ein Paradies für (Hobby)Botaniker, Familien und Sportler.

Campo, ein stilles Fleckchen am Lago

EIN DORF OHNE STRASSE

Campo di Brenzone

Ein Geisterdorf besuchen

Verfallene Mauern, bröckelnde Höfe und zurückgelassene Gegenstände: Nur noch eine Handvoll Menschen lebt im kleinen mittelalterlichen Dorf Campo und kümmert sich um die liebevolle Restaurierung ihrer Häuser. Ein Ort, wie aus der Zeit gefallen.

BORGHI FANTASMA nennen Italiener Dörfer, in denen seit Jahrzehnten so gut wie kein Mensch mehr lebt. Campo, ein winziger mittelalterlicher *borgo*, Ortsteil von Brenzone sul Garda, ist so ein Dorf – es ist nur zu Fuß zu erreichen. „Keine Straße, keine Zukunft", dachten die Einwohner wohl, als sie in den 1960er-Jahren ihre Siebensachen packten und auf der Suche nach Arbeit in die größeren Städte Norditaliens zogen.

Eine schöne und leichte Wanderung nach Campo startet in **MARNIGA DI BRENZONE**, fernab vom turbulenten Leben am See. Hier spielen Kinder vor der Haustüre, Frauen klippen Wäsche auf Plastikschnüre und plaudern über Balkone hinweg. Ein alter, anfangs sehr steiler **MAULESELPFAD** zwängt sich zwischen zwei Häuserzeilen Richtung Campo, das nur noch von **ZWEI FAMILIEN** bewohnt ist. Man wandert über blühende Wiesen und terrassenförmig angelegte Olivenhaine, deren Blätter silbergrün in der Sonne schimmern. Tausende Olivenbäume wachsen hier, gesäumt von Trockensteinmauern, auf denen sich Eidechsen in der Sonne wärmen. Immer wieder öffnet sich der Blick auf den Lago – so kristallklar, so blau und jadegrün, als müsste er mit dem Himmel um die Wette strahlen.

Rund 200 Höhenmeter und 30 Minuten später tauchen die ersten der **DENKMALGESCHÜTZTEN HÄUSER** und Ruinen aus dem 11. Jahrhundert auf. Schafe grasen in der prallen Sonne, Vögel zwitschern, Bienen summen, sonst ist nichts zu hören. Wo einst 15 Familien ihre Gemüsegärten pflegten, wuchert heute wild das Gras. Efeu, Feigen- und Granatapfelbäume drängen sich eng an die Häuser und drohen die verbliebenen Fenster einzudrücken. **KEINE MENSCHENSEELE** ist zu sehen. In einem der

UNTERWEGS

MIT PLAN

BRENZONE SUL GARDA
Der Ortsname steht für 16 kleine Dörfer, die teils am Seeufer, teils versprengt am Fuße des Monte Baldo liegen. Dieser gut beschilderte Wanderweg (es gibt mehrere) startet in Marniga di Brenzone, in der Via S. Piero.

~

TOURIST INFO
Via Zanardelli 36, Localitá Porto (Hafen), 37010 Brenzone sul Garda, T (+39 045) 74 20 076. www.brenzone.it und www.brenzonetrekking.eu

krummen Häuschen zieren gehäkelte Vorhänge die Fenster und vor dem rustikalen **RISTORO DA OLGA** blühen rote Geranien – ist Signora Olga zu Hause, bietet sie Wanderern gerne etwas zu trinken an.

A *pasquetta*, am Ostermontag, pilgert halb Brenzone in einer Prozession zur kleinen Chiesa San Pietro (1358) mit gut erhaltenen Fresken von Giorgio da Riva. Nach der *messa* wird gefeiert: mit Musik und Bigoli con le sarde, dicken Spaghetti mit Sardinen, die in riesigen Kesseln über offenem Feuer zubereitet werden. Auch die **MAGISCHEN NÄCHTE VON CAMPO** im August mit Konzerten oder die jährliche „**KRIPPENAUSSTELLUNG**" rund um Weihnachten zeugen davon, dass das Dorf nicht sterben soll. Die Fondazione Campo setzt sich seit einigen Jahren für den Erhalt und die Restaurierung der Häuser ein – einige sind bereits eingerüstet.

Zurückgelassene Küche

Magisch und einfach schön, weckt das kleine Dorf Campo große Urlaubsgefühle. Abseits von Touristenströmen – inmitten von sonnenverwöhnten Olivenhainen.

Denkmalgeschützte Steinhäuschen

Die Zeit scheint hier stillzustehen.

Das Kirchlein San Pietro

GENIESSEN

Schlemmen mit Seeblick: Im schlichten, familiengeführten **Ristorante Belvedere** gibt es hausgemachte Pasta, fangfrischen Fisch und eine hervorragende Holzofenpizza – zu erschwinglichen Preisen. Der Blick von der Veranda auf den See ist herrlich. (Noch) ein Geheimtipp. Dienstags geschlossen.

Via Marniga 38, 37010 Brenzone,
T (+39 045) 48 52 427.

ERLEBEN

Wanderstöcke einpacken: In Brenzone sul Garda erstreckt sich der erste **Nordic Walking Park** am Gardasee, dessen Routen durch alle Ortsteile der Gemeinde, unter anderem auch nach Campo, führen.

www.brenzone.it

~

Nach Torri del Benaco radeln: Von Marniga di Brenzone führt ein 12 Kilometer langer Radweg – zwischen der Gardesana und Kiesstränden – nach Torri del Benaco. Hier legt die **Autofähre** nach Toscolano Maderno am Westufer ab.

Il Benaco, sagenumwoben und geheimnisvoll

BENACUS ODER GARDASEE?

Garda

ERFORSCHEN ERFAHREN

Wie kam der See zu seinem Namen?

Die blauhaarige Nymphe Engardina verdrehte dem Wassergott Benacus einst derart den Kopf, dass dieser flugs den größten See Italiens erschuf, um mit seiner Liebsten darin zu planschen – so die Legende.

Schon die Römer liebten ihren *benacus*, wie der See in der Antike hieß. Der Legende nach soll der junge **WASSERGOTT BENACUS** einst sein Meer verlassen haben – auf der Suche nach der großen Liebe. Als er auf den Monte Baldo wanderte, sah er die **NYMPHE ENGARDINA**, die glücklich in einem kristallklaren Bergsee lebte. Benacus verliebte sich unsterblich in das zauberhafte Wesen mit leuchtend **BLAUEM HAAR** und bat es, ihm zu folgen. Doch die Nymphe wollte ihren geliebten *laghetto*, kleinen See, nicht verlassen. Da versprach Benacus, ihr einen viel größeren und schöneren Lago zu schenken. Er schlug seinen **DREIZACK** in einen Felsen, aus dem sofort gewaltige Wassermassen in ein Becken sprudelten und sich zu einem See aufstauten. Glücklich stürzten sich die *innamorati*, die Liebenden, in die klaren Fluten, wobei sich das Wasser vom Haar der Nymphe blau verfärbte. Ihre Liebe krönte ein Sohn, dem sie den Namen **GARDA** gaben.

Tatsächlich aber leitet sich Garda nicht vom Namen dieses Kindes ab: Auf dem 300 Meter hohen Felsen **LA ROCCA**, der den malerischen Ort **GARDA** überragt, thronte einst eine Burg – ein strategisch gelegener Ausguck. Das germanische Wort für „beobachten" lautete *warden* und verwandelte sich im Laufe der Zeit zu *garden*. So wurde aus dem **LACUS BENACUS** der **LAGO DI GARDA**. Die ursprüngliche Bezeichnung „Benacus" ist jedoch bis heute lebendig, zum Beispiel in Ortsnamen wie San Felice del Benaco oder Torri del Benaco. Ein schöner, auch für Kinder geeigneter **WANDERWEG** führt von der Chiesa Santa Maria Maggiore zu den Überresten der Burg.

GARDA, Namensgeber des Sees, ist einer meiner Lieblingsorte an der Ostküste. Er schmiegt sich an eine weit ausladende

TOURIST INFO GARDA
Piazza Donatori di Sangue 5.
37016 Garda (VR).
www.cittadigarda.it/de/

Bucht und hat alles, was das unnachahmliche **GARDASEE-FEELING** ausmacht: Ein autofreies *centro storico* mit stimmungsvollen Bögen, funzeligen Laternen und kleinen Geschäften, herrschaftliche *palazzi* und einen Hafen, von dem abends noch bunte Fischerboote auslaufen – die *pescatori* von Garda zählen zu den wenigen Berufsfischern, die noch am See tätig sind.

Von seiner schönsten Seite zeigt sich der Ort auf der **KILOMETERLANGEN STRANDPROMENADE**, auf der Sie Richtung Süden nach **BARDOLINO** (→ Seite 101) oder Richtung Norden (bei Niedrigwasser) bis zur Landzunge **PUNTA SAN VIGILIO** (→ Seite 89) flanieren können.

Die Sommerabende in Garda, an denen sich die Sonne bis in die späten Abendstunden genießen lässt, sind besonders stimmungsvoll – und glücklich ist, wer ein lauschiges Plätzchen in einem der netten Cafés unter Schatten spendenden Platanen ergattert.

Der Hafen von Garda im Zauberlicht

Il tramonto, der Sonnenuntergang, in Garda macht stumm vor Staunen.

ERLEBEN

In den Sonnenuntergang segeln: Im Hafen von Garda liegt das historische, 17 Meter lange Segelboot „Siora Bianca“ vor Anker. Hier können Sie Sunset- oder *aperitivo*-Touren, mitternächtliche Fahrten mit Baden im Mondschein oder mehrtägige Segeltrips buchen.

Lago di Garda Sailing Line Srl.,
Via Bacchini delle Palme 1,
37016 Garda (VR), T (+39 331) 22 74 652.
www.siorabianca.com

~

Mit der Vespa am Seeufer entlang brausen, ohne sich Gedanken um Stau- oder Parkplatzprobleme zu machen. Bella Bici vermietet Vespas (auch ohne Motorradführerschein), Fahrräder sowie E-Bikes und bietet zum Beispiel geführte Wine-Tasting-Touren an.

Via Don Gnocchi 41b,
37016 Garda (VR),
(+39 366) 93 65 806;
deutsche Telefonnummer
(+49 152) 31 83 89.
www.bellabici.bike

GENIESSEN

Schlemmen wie die *gardesani:* Authentische, regionale Gerichte wie Pasta e fasoi (Nudeln mit Bohnen), Baccalà (Stockfisch) oder Stracotto d'asino (geschmortes Eselfleisch) finden Sie in der urigen **Osteria Caffè Amaro**. Dass es hier keinen Seeblick gibt, stört Einheimische herzlich wenig, das Lokal ist immer voll.

Piazzale Roma 2, 37016 Garda (VR),
T (+39 346) 63 32 296.
www.osteriacaffeamaro.it

Magisch: die *punta* (= Spitze) der Halbinsel San Vigilio

PUNTA SAN VIGILIO

Garda

Träumen am schönsten Ort der Welt

Auf der Spitze eines Halbinselchens verstecken sich eine der schönsten Badebuchten am See, ein zauberhaftes Hotel und ein malerischer Hafen. Wer einmal hier war, hat noch lange etwas zum Träumen.

Jeder, der sich regelmäßig am Gardasee aufhält, hat seinen ganz persönlichen Lieblingsplatz. Der Humanist und Rechtswissenschaftler Agostino Brenzone schwor auf die **PUNTA SAN VIGILIO** und schrieb: „Die ganze Welt besteht aus drei Teilen: Afrika, Asien und Europa. Der schönste Erdteil ist Europa, und davon ist Italien der schönste Teil, von Italien wiederum die Lombardei und von dieser der Gardasee und an diesem San Vigilio. Ergo ist San Vigilio der schönste Ort der Welt."

Die schmale Landzunge, von der hier die Rede ist, schiebt sich zwischen Garda und Torri del Benaco weit in den See hinein und erweckt den Eindruck eines vollendeten Kleinods – das wissen allerdings auch andere! Doch in den **FRÜHEN MORGENSTUNDEN** herrscht an der *punta*, Spitze, der Halbinsel selbst in der Hochsaison paradiesische Ruhe.

Von der Gardesana aus folgen wir zu Fuß einer kurzen, aber imposant hohen Zypressenallee, die schnurgerade – vorbei an einer Schar schnatternder Gänse und dem Zugang zu einer der schönsten Buchten am See, der **BAIA DELLE SIRENE** – zu jener prächtigen Renaissancevilla führt, die sich Agostino Brenzone 1450 am Platz seiner Träume erbauen ließ. Ein gewaltiger Olivenbaum, fest verwurzelt hier seit dem 14. Jahrhundert, wacht über das Anwesen, das sich heute in Privatbesitz des Conte Guarienti befindet und nur von außen durch ein großes schmiedeeisernes Tor zu besichtigen ist.

Der Weg endet bei der **LOCANDA SAN VIGILIO**, einem kleinen Palazzo direkt am See, in dem ein sagenhaft schönes und

UNTERWEGS MIT PLAN

PUNTA SAN VIGILIO
Die Spitze der Halbinsel ist nur zu Fuß oder per Boot erreichbar (ausgenommen Gäste der Locanda San Vigilio) und liegt etwa 2,5 Kilometer vom Ort Garda entfernt. Parkplätze vorhanden.

Punta San Vigilio, 37016 Garda (VR).

sündhaft teures Hotel mit nur drei Suiten und elf Zimmern untergebracht ist. Hier waren schon Napoleon Bonaparte, Zar Alexander II., Winston Churchill, Prinz Charles, König Juan Carlos von Spanien, Laurence Olivier und Vivien Leigh zu Gast. Nur wenige Schritte weiter betreten wir durch einen romantischen Torbogen eine fast unwirkliche Welt und erreichen den **PORTICCIOLO**, einen kleinen Hafen, der sich halbkreisförmig in den tiefblauen Gardasee wölbt. Hier öffnet sich der Blick: auf den

Mein persönlicher Lieblingsort, um einen traumhaften Abend und Sonnenuntergang am Gardasee zu genießen.

Die Locanda ist eine beliebte Hochzeitslocation.

Lago, der hier so groß und weit aussieht wie das Meer und dessen Wellen das Kirchlein **SAN VIGILIO** aus dem 13. Jahrhundert umspülen.

Am schönsten setzt sich die Punta San Vigilio am Abend zur blauen Stunde in Szene: Dann sitzen in der weinumrankten Taverna direkt auf der engen **MOLE** überall entspannte Menschen, die orangefarbenen Aperol, aufgespritzt mit Prosecco, oder herrlichen Espresso trinken und die letzten Sonnenstrahlen des Tages sowie die atemberaubende Aussicht auf den See genießen. Vorausgesetzt, sie haben einen der Tische ergattert, in den Sommermonaten ist hier oft kaum noch ein Plätzchen frei.

GENIESSEN

Frühstücken am schönsten Ort der Welt: In der märchenhaften Locanda San Vigilio können sich auch Nicht-Hotelgäste am Frühstücksbuffet, stilvoll angerichtet im Garten direkt am Ufer, bedienen. Aufgetischt werden hausgemachter Kuchen, Gebäck sowie warme Speisen – den Traumblick auf den romantischen Hafen gibt es gratis dazu. Reservierung nötig.

Hotel Ristorante Locanda San Vigilio,
Punta San Vigilio, 37016 Garda (VR),
T (+39 045) 72 56 688.
www.locanda-sanvigilio.it

ERLEBEN

Der Strand der Sirenen: In der Baia delle Sirene (gebührenpflichtig), einem traumhaft gelegenen Kiesstrand mit Liegewiese und Olivenbäumchen, stehen schon die Liegestühle bereit. Ideal für Kinder mit Spielplatz und Kids-Club mit Animation. Es gibt Umkleidekabinen, Duschen und Toiletten. Abends – zur Stunde des *aperitivo* – ist der Eintritt frei.

www.parcobaiadellesirene.it

~

Badesachen nicht vergessen: Der exklusive Strand Parco San Vigilio mit einem wunderschönen Schwimmbecken ist umgeben von fünfhundert Olivenbäumen, Gourmet-Kiosk, Strandliegen und romantischen, überdachten Pavillons für zwei Personen. Öffentlich zugänglich, Reservierung nötig.

www.locanda-sanvigilio.it/schwimmbad

EINKAUFEN

Emporio: In dem charmanten kleinen Geschäft gegenüber der Locanda San Vigilio ist von originellen Taschen über Porzellan, Tücher und Keramik alles erhältlich, was man eigentlich nicht braucht, aber unbedingt haben will.

André Hellers Paradiesgarten

GARDASEE SPONTAN

STILLE ORTE

5 Orte, an denen sich im Hochsommer wesentlich weniger Touristen als direkt am Seeufer tummeln.

1 CAMPO DI BRENZONE
In dem fast verlassenen Bergdorf dösen denkmalgeschützte Häuser umgeben von Olivenhainen vor sich hin. Ein Ort, wie aus der Zeit gefallen, nur zu Fuß über einen Eselspfad zu erreichen. (→ S. 79)

2 ROCCA DI MANERBA
Der kurze Aufstieg zur Ruine von Manerba, die auf einer fast senkrecht abfallenden Felswand thront, lohnt sich. An den Traumblick über den gesamten See werden Sie sich noch lange erinnern. (→ S. 149)

3 LAGO DI TENNO
Nördlich des Gardasees versteckt sich der kristallklare Lago di Tenno. Sie können den See umrunden, herrlich darin baden und anschließend durch das Künstlerdorf Canale di Tenno bummeln. (→ S. 55)

4 DIE PESTKAPELLE SAN VALENTINO
Im 17. Jahrhundert retteten sich die Einwohner von Gargnano vor einer Pestepidemie in die Kapelle San Valentino, die sich 770 Meter über dem Ort an eine überhängende Felswand schmiegt. Wanderweg Nr. 31 ab Sasso (Westufer). Dauer: rund 45 Minuten.

5 GIARDINO BOTANICO GARDONE
Im Botanischen Garten der Fondazione André Heller spazieren Sie zwischen exotischen Pflanzen aus aller Welt, Teichen, viel Kunst und Kultur – ideal an heißen Sommertagen. (→ S. 171)

Wie ein Adlernest klammert sich die Kirche
an den überhängenden Fels.

SANTUARIO MADONNA DELLA CORONA

Spiazzi di Ferrara di Monte Baldo

Ein Kirchlein am Abgrund besuchen

Geradezu dramatisch, wie aus einer senkrechten Felswand gemeißelt, schwebt das Wallfahrtskirchlein Madonna della Corona hoch über dem Tal der Etsch. Ein spektakulärer Ort, der nicht nur Gläubige beeindruckt.

Die Lage der **FELSKIRCHE MADONNA DELLA CORONA**, einer der höchstgelegenen Wallfahrtsorte Italiens, könnte kaum atemberaubender sein: Auf 774 Metern Höhe presst sich das Gotteshaus mit einigen Nebengebäuden regelrecht an die steil abfallenden Felsen des **MONTE BALDO**. Weit unten im Tal mäandert die Etsch in großem Bogen, über dem spitzen, fragilen Kirchturm wölbt sich nichts als nackter, überhängender Fels.

Wahrscheinlich waren es fromme Einsiedler vom Kloster San Zeno in Verona, die hier um das Jahr 1000 eine Kapelle errichteten. Mit Sicherheit wissen wir nur, dass sich auf dem Felsvorsprung spätestens in der zweiten Hälfte des 13. Jahrhunderts ein Kloster sowie eine Kapelle befanden. Als im Jahr 1522 Mitglieder des Malteserordens eine Statue der schmerzgeplagten Madonna „wunderbarerweise mithilfe von Engeln" an diesen Ort brachten, begann man mit dem Bau der eigentlichen Kirche, die seitdem mehrmals umgestaltet wurde und in der täglich mehrere Gottesdienste zelebriert werden. Rund 200.000 **WALLFAHRER** beten jährlich vor der 70 Zentimeter hohen, aus Stein gefertigten „Madonna della Corona". Auch wenn es der Name in diesen virusgeplagten Zeiten vermuten lässt: Diese Madonna hat nichts mit der Pandemie zu tun. Das *della Corona* bezieht sich auf den „Felsen" oder die „Steilwand", an die sich das Kirchlein förmlich krallt.

In das Innere des Gotteshauses gelangen wir über eine breite **FREITREPPE** mit

MIT PLAN

SANTUARIO MADONNA DELLA CORONA

Von Garda führt eine Straße 20 Kilometer über Costermano und das Bergdorf Caprino Veronese nach Spiazzi, einen Ortsteil von Ferrara di Monte Baldo. Der 20-minütige Weg zur Kirche startet am Parkplatz. Kleiderordnung: Beine und Schultern müssen auch bei hohen Temperaturen bedeckt sein.

Località Santuario 1, Spiazzi di Ferrara di Monte Baldo, 37020 Verona, T (+39 045) 72 20 014. www.madonnadellacorona.it (mit Messkalender)

herrlichem Blick über das Etschtal oder über die **SCALA SANTA**, die heilige Treppe, die von einer Kapelle im Untergeschoß der Kirche nach oben führt und die Pilger im Zeichen der Buße auf den Knien überwinden. Spektakulär ist nicht nur die Lage, sondern auch die Architektur des Sanktuariums. Es wurde zu großen Teilen in den Fels geschlagen, Nord- und Westwand bestehen ausschließlich aus ungeschliffenem Gestein.

Die Pfade zur Wallfahrtskirche sind heute nicht mehr so gefährlich wie in vergangenen Zeiten – wer schwindelfrei ist, hat hier seine Freude. Auf der Piazza XXV Aprile in **SPIAZZI** (Touristeninfo) folgen wir bergab der asphaltierten Via Crucis und erreichen auf diesem 1,5 Kilometer langen **KREUZWEG**, vorbei an 15 Stationen mit lebensgroßen Bronzefiguren, die Szenen aus dem Leben Jesu darstellen – ein Werk des Veroneser Architekten Raffaele Bonente –, das **SANTUARIO MADONNA DELLA CORONA.**

Wer sich der Kirche auf traditionellem Weg nähern will, nutzt den alten Pilgerweg **VIA MATRIS.** Der steile, etwa zweistündige Aufstieg beginnt in Brentino im Etschtal und ist mit 1440 Stufen nur geübten Wanderern zu empfehlen. Jeden Samstag um 15 Uhr treffen sich Gläubige am Dorfbrunnen von Brentino, pilgern zur Kirche, um an der heiligen Messe um 17 Uhr teilzunehmen und sich anschließend auf der Terrasse der Bar Al Santuario einen *caffè* oder *aperitivo* zu gönnen – mit Blick auf das Santuario Madonna della Corona, das fest mit dem Berg verwachsen scheint.

Oben: Bronzefiguren weisen den Weg.
Unten: Die Altarwand wurde in den nackten Fels geschlagen.

Die Kirche zählt zu den höchstgelegenen Italiens.

Das Felskirchlein ist ein kleines architektonisches Wunder. Hier sind wir fernab von Tourismus und Trubel dem Himmel ganz nah.

ERLEBEN

Ein romantischer Abstecher nach Garda: Die verwinkelte Altstadt mit arkadenartigen Durchgängen ist Namensgeberin des Gardasees und überrascht mit einer breiten, autofreien und von einladenden Restaurants, Cafés sowie Gelaterie gesäumten Seepromenade – besonders stimmungsvoll, wenn sich das Rot der untergehenden Sonne in den Wellen spiegelt. Die langen Strände zählen zu den schönsten am Ostufer.

EINKAUFEN

Wochenmarkt in Caprino Veronese: Nicht verpassen! Im Bergdorf Caprino Veronese trubelt samstags von 8 bis 13 Uhr der wöchentliche *mercato*. Bauern der Region bieten lokale Spezialitäten feil: Schaf- und Ziegenkäse aus Tremosine, Käse vom Monte Baldo oder Salame Veronese – zu probieren gibt's immer etwas. Außerdem Obst, Gemüse, Haushaltswaren, Kleider, Schuhe und Taschen. Italienisches Flair pur, fernab von Touristenströmen.

~

Olio P.O.G.: Seit 1918 produziert die Kooperative feinstes Olivenöl (auch aromatisiert etwa mit Limonen, Steinpilzen, Basilikum oder Trüffel) aus kontrolliert biologischem Anbau mit DOP-Klassifizierung (geschützte Ursprungsbezeichnung), in Öl Eingelegtes sowie Kosmetik auf Basis von Olivenöl.

Via Beccherle 361,
37013 Caprino Veronese (am Ortseingang).
www.oliopog.it

~

Für Craft-Beer-Freunde: In seiner Mikrobrauerei **Birra Monte Baldo** in Caprino Veronese braut Mattia Maimeri Craft-Beer, das man im angeschlossenen Pub verkosten und kaufen kann.

Via IV Novembre 1, 37013 Caprino Veronese,
T (+39 340) 53 29 870.
birramontebaldo.com
(Seite nur auf Italienisch).

Oben: Wie gemalt, der Ortskern von Bardolino
Unten: Auf dem Lungolago blühen ganzjährig Blumen.

ERLEBEN ENTDECKEN

Ach, wie schön ist dieses Städtchen!

Wie aus dem Bilderbuch ... Viel zu oft wird dieser Vergleich verwendet, um einen Ort zu beschreiben. Andererseits: Manchmal trifft er einfach punktgenau zu – wie auf Bardolino. Meine persönlichen Lieblingsplätze.

***IL SALOTTO* DES STÄDTCHENS.** „Wohnzimmer" nennen Einheimische die lang gezogene **PIAZZA MATTEOTTI**, die eher einer Fußgängerzone gleicht und sich schnurgerade vom Hafen zur Chiesa Santi Nicolò e Severo zieht. Hier findet pralles Leben statt: Einheimische und Urlauber treffen sich, um in einem der *ristoranti* gut zu essen, sich in einer der zahlreichen Bars ein Gläschen Chiaretto, den Roséwein des Gardasees, zu gönnen oder um in den kleinen Geschäften und eleganten Boutiquen, die bis spätabends geöffnet sind, zu stöbern.

DER RÄTSELHAFTE TISCH AM HAFEN. Auf der Piazza del Porto finden Sie einen antiken Tisch aus rosafarbenem Naturstein. **PREONDA** (*pre* = vor, *onda* = Welle) nennen die Bardolinesi den schlichten Tisch unbekannter Herkunft, der vermutlich aus dem 13. Jahrhundert stammt und einst als Markt- und Fischstand diente. Der Legende nach soll, wer den Tisch einmal umrundet, mit Glück gesegnet werden und bald nach Bardolino zurückkehren.

DIE LEGENDÄRE GELATERIA CRISTALLO. Die Schlange vor der Gelateria der Familie Pasqualini ist immer lang. Doch das Warten lohnt sich. Hier gibt's seit 1969 nicht nur selbst gemachtes Eis im Stanitzel, sondern auch Eisbecher, die viel größer sind als anderswo: Coppa Marron Glacé (Vanilleeis, glasierte Maroni, Karamell), Coppa Rustica (Haselnusseis, ganze Nüsse, Zimt) oder Spaghetti al Pesto (Vanilleeis, Pistaziencreme, weiße Schokolade), Semifreddi (halb gefrorene Desserts), Granite, Frappés und spritzige Drinks wie Limoncello Spritz (Limoncello, Prosecco, Mineralwasser),

UNTERWEGS

MIT PLAN

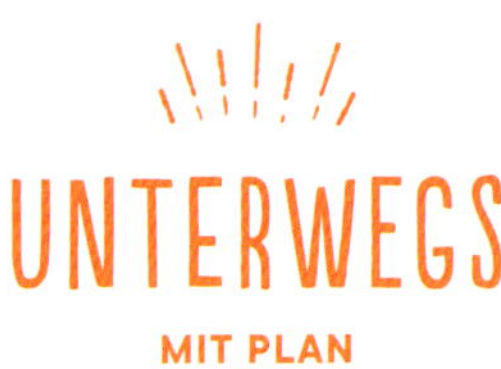

TOURISTINFO
Piazzale Aldo Moro 5,
37011 Bardolino (VR),
T (+39 045) 72 10 078.
www.visitbardolino.it/de

Chiarè (Holunderblütensaft, Minze, Chiaretto Bardolino Spumante) oder Il Bombardino (Eierlikör, Zimt, Schlagobers) – zum Dahinschmelzen gut!

Piazza Matteotti 69, 37011 Bardolino (VR).
www.gelateriacristallo.it

DAS NOSTALGISCHE STRANDBAD LIDO MIRABELLO versprüht noch den Charme der 1950er-Jahre und liegt idyllisch auf einer kleinen Landzunge südlich der Altstadt. Auf der großen Liegewiese mit Schatten spendenden Bäumen tummeln sich Einheimische und Urlauber. Es gibt Liegestühle, Sonnenschirme und eine Strandbar. Dank eines langen Stegs können Sie hier sofort im tiefen Wasser losschwimmen. Während

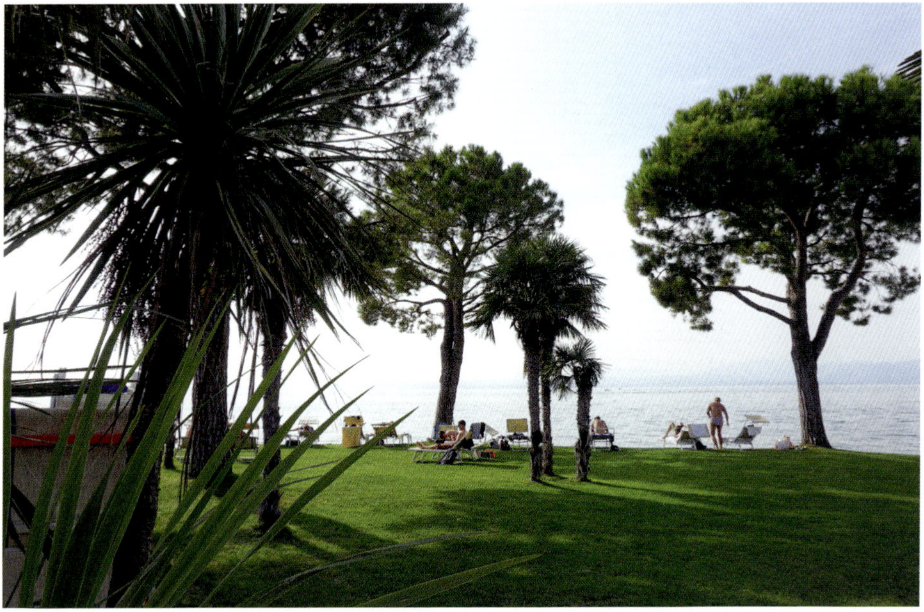

Im Strandbad Lido Mirabello stehen schon die Liegestühle bereit.

des **BARDOLINO FILM FESTIVALS**, das Mitte Juni stattfindet, verwandelt sich das Strandbad in ein Freiluftkino mit Filmvorführungen und Lesungen.

Lungolago F. Cipriani 3,
37011 Bardolino (VR), südlich der Altstadt.
Filmfestival: www.bardolinofilmfestival.it

DIE KILOMETERLANGE SEEPROMENADE RIVALUNGA verwöhnt ihre Besucher mit italienischem Dolce Vita, das sich ganz schnell einstellt, wenn man auf einer der hübschen Bänke am Ufer in der Abendsonne sitzt, die vorbeischlendernden Passanten beobachtet und den Ausblick auf über 70 üppig blühende Blumenbeete genießt. Bardolino gewann 2019 als „schönste blumengeschmückte Gemeinde Italiens" den ersten Platz beim Blumenwettbewerb „Comuni Fioriti". An den Wochenenden wird es allerdings voll, dann tummeln sich auf der Rivalunga Italiener aus den nahen Städten Mailand, Brescia, Bergamo oder Verona – Schönheit wirkt eben anziehend.

Wenn Sie lebhafte
und quirlige Städtchen mögen,
sind Sie hier genau richtig.

ERLEBEN

Den See mit dem Boot erobern: Der begeisterte Segler Andrea Farina, er hat bereits viermal den Atlantik überquert, bietet (Halb)Tagesausflüge mit Motor- oder Segelbooten an. Motorbootverleih (auch ohne Führerschein).

Boat Garda, Lungolago Cipriani,
37011 Bardolino (VR),
T (+39 346) 00 62 631.
www.boatgarda.com

~

Einen Kraftplatz besuchen: Auf einem Hügel oberhalb Bardolinos liegt die Einsiedelei **Eremo di San Giorgio** – ein Ort der Stille (nur von außen zu besichtigen). Im Klosterladen verkaufen die Kamaldulenser-Mönche Selbstgemachtes: Honig, Marmeladen, Öl oder Naturkosmetik. Man kann sich sogar als Kurzzeit-Einsiedler einquartieren und am Klosterleben teilhaben.

Anmeldungen unter:
www.eremosangiorgio.it

~

Tanzen unterm Sternenhimmel: Der Hollywood Dance Club ist seit gut 30 Jahren eines der Kult-Nachtlokale am See. Mit Palmen, Restaurant, beleuchtetem Pool (mit Seeblick) und vielen durchgestylten jungen Menschen – sogar Mailänder reisen zur Freiluftparty an.

Via Montavoletta 11, 37011 Bardolino (VR),
T (+39 045) 72 10 580.
www.hollywood.it

Oben: Unterwegs auf der Weinstraße …
Unten: … vorbei an prallen, sonnenverwöhnten Trauben

STRADA DEL VINO BARDOLINO DOC

Bardolino

KULINARIK GENIESSEN

Unterwegs auf der Weinstraße

Sie lieben Wein? Dann ist die Strada del Vino Bardolino genau das Richtige: Von Weingut zu Weingut pendeln, hier einen süffigen Bardolino probieren und dort prickelnden Bardolino Chiaretto Spumante – ein beschwingtes Vergnügen.

Das von Touristen umschwärmte Städtchen **BARDOLINO**, das dem leichten, rubinroten *vino* seinen Namen gibt, ist eines der schönsten am Gardasee. Und natürlich schmeckt der Bardolino nirgendwo so gut wie hier: Schlichte Tafelweine oder edlere Tropfen mit dem Gütesiegel DOC (kontrollierte Ursprungsbezeichnung) oder DOCG (kontrollierte und garantierte Herkunftsbezeichnung) finden Sie in den *botteghe*, kleinen Geschäften, der Altstadt an jeder Ecke.

Genüsslicher **WEINBUMMELN** lässt es sich im grünen, sanft gewellten **ANBAUGEBIET DES BARDOLINO**, wo Winzer mit Traktoren hügelauf und hügelab durch endlose *vigneti*, Weinberge, mit Abertausenden Rebstöcken, deren Wurzeln in mineralhaltiger Erde stecken, kurven. Idyllisch windet sich die gut ausgeschilderte **STRADA DEL VINO** über 16 Gemeinden von Valeggio sul Mincio im Süden bis nach Torri del Benaco Richtung Norden durch 80 Kilometer schönste Landschaft mit Olivenhainen, Zypressen, verschlafenen Dörfern und verstreuten Gutshöfen. Wenn Sie die gesamte Weinstraße abfahren möchten, sollten Sie viel Zeit mitbringen, um auch den einen oder anderen Umweg zu dieser oder jener Kellerei in Kauf nehmen zu können oder um sich einfach treiben zu lassen.

Für jeden **WEINLIEBHABER** ist es ein besonderes Erlebnis, direkt bei einem der **ÜBER 50 WINZER** entlang der Strada del Vino Bardolino Rotweine oder Rosé- und Schaumweine zu kaufen. Denn hier können Sie schauen, ungezwungen den neuen Jahrgang oder reifere Weine verkosten und, wenn es die Zeit erlaubt, auch einen Blick in die *cantina*, den Weinkeller, werfen. Bardolino, **DER BEKANNTESTE WEIN VOM GARDASEE**, ist so abwechslungsreich wie die Land-

UNTERWEGS

MIT PLAN

STRADA DEL VINO BARDOLINO DOC:
Eine Weinstraßen-Karte erhalten Sie in **Tourist-Informationen** zum Beispiel bei:

IAT Bardolino,
Piazzale Aldo Moro 5,
37011 Bardolino (VR),
T (+39 045) 72 10 078.
www.bardolino-stradadelvino.it

schaft, funkelt hell- bis rubinrot im Glas, schmeckt frisch, duftig und leicht und macht sofort Lust auf ein nächstes *bicchierino*, Gläschen – aber denken Sie daran, auch in *bella Italia* liegt die Promillegrenze beim Autofahren bei 0,5!

Auf den Weinbergen am südöstlichen Seeufer wachsen vor allem die Rebsorten Corvina Veronese, Rondinella, Molinara und Negara. Aus diesen entstehen Weine wie **BARDOLINO CLASSICO**, ein weicher, samtiger Rotwein, kraftvoller **BARDOLINO CLASSICO SUPERIORE** oder die trendigen, zart rosafarbenen Weine **BARDOLINO CHIARETTO**

Fresken zieren den Weinkeller der Cantina Zeni.

und **BARDOLINO CHIARETTO SPUMANTE**, die mit Freunden, zum *aperitivo* genossen, italienische Leichtigkeit versprühen und mit ihrem delikaten Aroma den Appetit anregen. Bardolino-Weine sind **UNKOMPLIZIERTE ESSENSBEGLEITER** und harmonieren wunderbar mit Fisch, Pasta, Risotto oder Fleischgerichten.

Die Weinregion Bardolino gilt als **SONNENVERWÖHNT** und bietet vor allem im Spätsommer und Herbst, wenn sich das Weinlaub langsam gelb und rot verfärbt, eine traumhafte Fahrkulisse.

Prost! Cin-Cin!

DEN WEIN FEIERN IN BARDOLINO

Termine & Informationen:
www.visitbardolino.it

Festa dell'Uva: Ende September bis Anfang Oktober feiern Einheimische und Touristen das Ende der *vendemmia*, Weinlese. Entlang der Seepromenade sowie im Parco Carrara Bottagisio schenken Winzer die besten Weine der Region aus, dazu gibt's regionale Schmankerln.

~

Palio del Chiaretto: Meist Anfang Juni kleidet sich Bardolino anlässlich des Chiaretto-Festes in Rosa: Auch hier können Sie an Ständen entlang der Seepromenade altrosafarbene Weine und Spumante verkosten.

ERLEBEN

***Dolce far niente* genießen:** Zum Sonnenuntergang in einem der zahlreichen Cafés an der langen, blumengeschmückten Seepromenade von Bardolino an einem Gläschen Bardolino oder fein perlendem Chiaretto-Spumante zu nippen ist berauschend schön!

ANSCHAUEN

Das Weinmuseum Zeni: Im liebevoll eingerichteten Museum des Weingutes Zeni erfahren Sie – auch in deutscher Sprache – alles über die Weinherstellung. Besuchen Sie unbedingt die Geruchsgalerie im freskengeschmückten Barrique-Keller, die sich dem Duft der Weine, die Sie anschließend verkosten können, widmet. Der Eintritt in das Museum ist frei.

Cantina Zeni, Via Costabella 9,
37011 Bardolino (VR),
T (+39 045) 62 28 331.
www.museodelvino.it

Wohltuend: Baden im natürlichen Thermalsee

PARCO TERMALE DEL GARDA DI VILLA DEI CEDRI

Colà di Lazise

ERLEBEN ENTDECKEN

Wohlig planschen im warmen Heilwasser

Der Thermalpark Garda ist ein paradiesischer Ort: Er liegt eingebettet in eine weitläufige Grünfläche mit jahrhundertealten Bäumen. Zwei Thermalquellen, die hier aus über 100 Metern Tiefe sprudeln, speisen zwei natürliche Badeseen mit herrlich warmem Wasser.

Körper, Geist und Seele brauchen selbst im Urlaub Zeit zum Regenerieren und wollen auch einmal richtig verwöhnt werden. Ob im türkischen Dampfbad, im duftenden Salzkristallzimmer oder unter der Wellnessdusche, die sanftes Licht ausstrahlt – in der **THERME PARCO TERMALE DEL GARDA** mit angeschlossenem *centro benessere*, **WELLNESSCENTER**, können Sie sich von Kopf bis Fuß pflegen.

Die Therme liegt fernab vom touristischen Trubel im hügeligen Hinterland in der Nähe von Lazise, umgeben von einem traumhaften 13 Hektar großen Park der venezianischen **VILLA DEI CEDRI** mit jahrhundertealten Zypressen, Mammutbäumen, Ginkos, Palmen und Zedern, die der Villa den Namen geben. Das herrschaftliche Anwesen wurde zwischen dem 18. und 19. Jahrhundert erbaut und ist heute ein exquisites Viersternehotel, in dem alle Zimmer mit Whirlpools, gespeist mit Thermalwasser, ausgestattet sind. Der Thermalpark und das Wellnesscenter sind auch für Nicht-Hotelgäste ganzjährig geöffnet.

Hier können Sie sich auf einer **GROSSEN LIEGEWIESE** in der Sonne aalen oder in den zwei natürlichen, mit 34 Grad warmem Thermalwasser gefüllten **BADESEEN**, der größere mit einer Fläche von 5.000 Quadratmetern, in Ruhe Ihre Runden drehen. Es gibt eine Grotte, Hydromassagedüsen, zwei Seewannen gefüllt mit 37 bis 39 Grad warmem Wasser, Springbrunnen und Fontänen, die abends in magischem Licht erstrahlen.

MIT PLAN

THERMPALPARK GARDA UND VILLA DEI CEDRI SPA

Behandlungen im Wellnesscenter nach Anmeldung.

Piazza di Sopra 4, 37010 Colà di Lazise (VR). T (+39 045) 75 90 988. Eingang in der Via Madonna 23. Colà di Lazise. www.villadeicedri.it

Entdeckt wurden die beiden **THERMALQUELLEN** per Zufall 1989 bei Bohrungen nach Grundwasser, seitdem sprudelt das Heilwasser aus 160 und 200 Metern Tiefe. Auf seiner unterirdischen Reise durchläuft es verschiedene Erdschichten, die reinigend wie ein Filter wirken und das Wasser mit wertvollen **MINERALIEN UND SPURENELEMENTEN** wie Bikarbonat, Kalzium, Silizium oder Magnesium anreichern. Das Wasser wirkt entzündungshemmend, lindert unter anderem Venen- oder Hautbeschwerden und ist seit 1996 vom italienischen Gesundheitsministerium als Heilmittel anerkannt.

Ein Blickfang ist der zauberhafte Pavillon am Ufer des größeren Sees, in dem ein Selbstbedienungsrestaurant untergebracht ist, romantisch bei Kerzenschein speisen können Sie abends im Ristorante „Villa Moscardo".

Die venezianische Villa dei Cedri – ein Luxushotel

WEITERE WOHLFÜHLOASEN AM LAGO

Acquaria Thermal SPA: Herrlicher Thermen- und Wellnesstempel mit mehreren Schwimmbecken und Infinitypool direkt am See, Sprudelliegen, Saunen und Dampfbädern – eingebettet im historischen Zentrum von Sirmione.

Piazza Virgilio 1,
25010 Sirmione (BS),
T (+39 030) 91 60 44.
www.termedisirmione.com

~

Garda Thermae: Ein moderner Thermaltraum mit In- und Outdoorbecken, Kinderpool und raffinierten Beauty-Anwendungen wie vietnamesischer Gesichtsakupressur, Fußreflexzonenmassagen oder Ayurvedischer Ölmassage.

Via Linfano 52,
38062 Località Linfano – Arco (TN),
T (+39 0464) 54 80 12.
www.gardathermae.it

Thermalpark Aquardens: In der Weinregion Valpolicella, einem Katzensprung vom Gardasee entfernt gelegen. Mit Salzwasserbecken, Lazy River, Pools mit Wasserfällen, Höhlen und Lagunen. Kneippkuren, Musik- und Farbtherapie, russische Saunen.

Via Valpolicella 63,
37026 Santa Lucia di Pescantina (VR),
T (+39 045) 67 067.
www.aquardens.it

EINKAUFEN

Olip Factory Outlet: Das Schuh-Outlet macht süchtig, vor allem im Ausverkauf: Markenware für Damen und Herren (keine Kinderschuhe), Einzelmodelle, Must-haves in seltenen Größen, Taschen- und Accessoires.

Via Confine 13,
37017 Colà di Lazise (VR).
www.olipoutlet.com

Ein wohltuendes Erlebnis – nicht nur bei Schlechtwetter.

Oben: Der Blue Tornado – Adrenalin pur!
Unten: Vertikaler Sturzflug auf der Achterbahn Oblivion

GARDALAND

Castelnuovo del Garda

ERLEBEN ENTDECKEN

Familientipp

Höher, schneller, weiter!

Im vertikalen Sturzflug durch die Luft rasen oder mit einem Minibähnchen durch das Peppa Pig Land zuckeln: Gardaland, Italiens größter Themenpark, bietet Spaß und Nervenkitzel für Jung und Alt. Wer den Eintritt berappt, darf den ganzen Tag mit allem fahren.

Auf dem gigantischen Rummelplatz **GARDALAND**, dem Touristenmagnet rund 3 Kilometer nördlich von Peschiera del Garda, regiert ausschließlich das Vergnügen. Gleich am Eingang grüßt das Maskottchen **IL PREZZEMOLO**, ein kleiner grüner Drache mit langen Ohren, der seit der Eröffnung 1975 über den Freizeitpark wacht. Als *prezzemolo* bezeichnen Italiener eine Person, die überall gleichzeitig ist und sich gerne einmischt, genauso wie die **PETERSILIE**, die in vielen italienischen Gerichten zu finden ist. Der Gedanke passt gut zu Gardaland, denn schnell wird klar, dass hier nur ein *prezzemolo* ganz den Überblick behalten kann.

Die **ÜBER 40 FAHRGESCHÄFTE** sind Gesamtkunstwerke: Vom harmlosen Ringelspiel mit Holzpferden über ein hochmodernes 4-D-Kino oder dem Ufo-artigen **FLYING ISLAND**, einer Aussichtsplattform, die Besucher in 50 Meter Höhe bringt und weit über den Gardasee blicken lässt, bis hin zu atemberaubenden Geschoßen wie der **HOCHSCHAUBAHN BLUE TORNADO**, bei der selbst **ADRENALINJUNKIES** weiche Knie bekommen, ist hier alles zu finden. Das gesamte Angebot an einem Tag abzuhaken, ist unmöglich, zumal Sie hier abhängig von den einzelnen Attraktionen – vor allem an Wochenenden – teils sehr lange Schlange stehen müssen. Mit der **EXPRESS CARD**, die es in verschiedenen Packages ab 20 Euro (nur vor Ort) gibt, können Sie den langen Wartezeiten entkommen.

EIN TIPP: Planen Sie Ihre Route! Am Eingang erhalten Sie eine Broschüre mit den Beginnzeiten der täglich auf dem ganzen Gelände stattfindenden Liveshows, Musicals und turbulenten Umzüge. Und packen Sie ein Ersatz-T-Shirt ein, bei vielen lustigen

UNTERWEGS

MIT PLAN

GARDALAND

Geöffnet von April bis September täglich; von Oktober, November, Dezember nur an Wochenenden (bzw. über Halloween und die Weihnachtsfeiertage).
Eintritt: Erwachsene ab 40 Euro, Kinder ab 35 Euro.

Via Derna 4, 37014 Castelnuovo del Garda (VR).
www.gardaland.it

Attraktionen besteht die Chance, nass zu werden.

Wenn Sie früher mit Lego gespielt haben, dann kommen Sie um den **ERSTEN LEGOLAND-WASSERPARK EUROPAS** als zusätzliche Attraktion (gegen Extraeintritt) nicht herum. Hier dreht sich alles um die bunten Steinchen, Wasserrutschen, Schlauchboote, Duplo-Splash – überall sind Legosteine verbaut und im Lego-Miniland können Sie zwischen den schönsten Sehenswürdigkeiten Italiens, mit über **4 MILLIONEN LEGOSTEINEN** maßstabsgetreu nachgebaut, flanieren.

Wer nicht den ganzen Tag im Kreis gedreht, auf den Kopf gestellt oder nass werden will, kann es im **AQUARIUM SEA LIFE**, für das ebenfalls ein Extraeintritt bezahlt werden muss, ruhiger angehen. Hier tummeln sich in knapp 40 Aquarien Seelöwen, Schildkröten, Clownfische oder Delphine. Highlights sind das neue **SEEPFERDCHENBECKEN** sowie ein **GLÄSERNER UNTERWASSERTUNNEL**, in dem Rochen und Haie über den Köpfen der Besucher schweben.

Ausgelassenheit, Freiheit, Spaß und Nervenkitzel.
Mehr Action an einem Tag geht nicht!

Für jedes Alter:
die Stromschnellen des Jungle Rapids

WEITERE T TIPPS

SCHLAFEN

Schlummern im Zauberwald. Im Mai 2019 eröffnete das **Magic Hotel** mit 128 knallbunten Themenzimmern, wie zum Beispiel „Zauberwald" oder „Magisches Eisschloss" mit sprechenden Bäumen, Riesenfliegenpilzen, geflügelten Einhörnern, fliegenden Büchern etc. Gedacht für alle, die die vielen Attraktionen des Freizeitparks in zwei Tagesetappen angehen möchten.

www.gardaland.it

ERLEBEN

Durch einen Safaripark kurven: Rund 10 Kilometer von Gardaland entfernt liegt der **Parco Natura Viva**. Durch den Safaripark fährt man mit dem eigenen Auto, vorbei an Löwen, Giraffen, Kamelen und Co. Durch den Zoo und Dinosaurierpark daneben geht es zu Fuß. Hier können Sie problemlos einen ganzen Tag verbringen.

Eingang: Località Quercia,
37012 Bussolengo (VR),
T (+39 045) 71 70 113.
www.parconaturaviva.it

Erkundungen am Südufer – auf den Spuren der Tortellini, südlicher Düfte und blutiger Schlachten

Spontan MIT PLAN

SÜD-
UFER

Borghetto, verträumtes Mühlendörfchen am Mincio

MÜHLENDORF BORGHETTO

Valeggio sul Mincio

AKTIVITÄT

NATUR

Radeln in die Heimat der Tortellini

Ein 12 Kilometer langer Radweg mäandert von Peschiera del Garda entlang des Flusses Mincio in das romantische Mühlendorf Borghetto. Der Legende nach wurden hier die „Nodi d'Amore", Liebesknoten, erfunden, die heute als Tortellini di Valeggio auf jeder Speisekarte stehen.

Die einfache Radtour beginnt in der Altstadt **PESCHIERA DEL GARDA**, an der Mündung des Flusses. Der Mincio ist übrigens der einzige Abfluss des Gardasees und strömt rund 50 Kilometer südlich bei Governolo in den Po. Ab dem Stadttor Porta Brescia heißt es 12 Kilometer **TRETEN, TRETEN, TRETEN** – vorbei an lichten Auwäldchen, Zypressen, sanftem Wein- und Hügelland, stets am Fluss entlang, bis man Valeggio sul Mincio mit dem winzigen **MÜHLENVIERTEL BORGHETTO** erreicht. Es zählt zu den Borghi più belli, den schönsten Dörfern Italiens. Außer an Wochenenden, wenn italienische Familien ausschwärmen, um in einem kurzen Anstieg die **SKALIGERBURG** aus dem 13. bis 14. Jahrhundert zu erklimmen und anschließend stundenlang in einem der *ristoranti* direkt am Flussufer zu tafeln, ist es still im Mühlenviertel.

Der Legende nach wurde hier im Mittelalter der mit *misto di carni*, Fleischmix, gefüllte **NODO D'AMORE** (Liebesknoten) – *il vero tortellino*, der echte Tortellino – erfunden. Ein Soldat namens Malco soll sich unsterblich in die Nixe Silvia verliebt haben. Diese musste jedoch bei Morgengrauen in den Fluss Mincio zurückkehren und hinterließ Malco ein verknotetes Seidentüchlein als Liebespfand. Um für immer mit seiner Angebeteten vereint zu sein, stürzte sich Malco in den Fluss. Am Ufer zurück blieb das **VERKNOTETE TÜCHLEIN.** Diesem Liebesknoten huldigen Einheimische alljährlich am dritten Dienstag im Juni mit dem Fest **FESTA DEL NODO D'AMORE.** Dann verwandelt sich die imposante Visconti-Brücke, die sich 650 Meter über den Fluss Mincio spannt, in ein Restaurant unterm Sternenhimmel: Auf langen Tischreihen schlemmen Tau-

UNTERWEGS MIT PLAN

PESCHIERA DEL GARDA
Das wenig touristische Städtchen liegt auf einer kleinen Halbinsel und ist umgeben von einer monumentalen Festungsmauer. Ein Bummel durch die von Kanälen umspülten Gassen mit netten Geschäften und Bars lohnt sich.

Touristinfo:
Piazzale Betteloni 15, 37019 Peschiera del Garda, T (+39 045) 22 37 183.

Radverleih:
Zum Beispiel Piccoli Mauro,

Via Venezia 15, Peschiera di Garda, T (+39 349) 46 78 006. www.noleggiobiciclette peschieradelgarda.it.

~

BORGHETTO
Ein Ortsteil von Valeggio sul Mincio, der zu den Borghi più belli d'Italia (den schönsten Dörfern Italiens) zählt.

www.borghipiubelliditalia.it

Touristinfo:
Piazza Carlo Alberto 44, 37067 Valeggio sul Mincio, T (+39 045) 79 51 880. www.valeggio.com

sende Gäste bis tief in die Nacht: *aperitivo, antipasto* sowie **600.000 NODI D'AMORE.** Ein Feuerwerk schließt das weithin bekannte Gelage ab, Karten für das Fest sind monatelang im Voraus ausverkauft.

Wer bis Borghetto geradelt ist, hat schwere Beine und Hunger – Zeit für eine **„TORTELLINI-PAUSE"**. Die dottergelben, etwa mit Fleisch, Trüffel, Pilzen, Käse oder Radicchio gefüllten Nodi d'Amore, geschwenkt in Salbeibutter, wecken die Lebensgeister schnell wieder und sind in den meisten Restaurants *fatte in casa*, hausgemacht. Dazu passt ein Glas fruchtiger Custoza DOC (kontrollierte Ursprungsbezeichnung), ein Weißwein aus der nahen gleichnamigen Region. Am späten Nachmittag heißt es dann aufsatteln, es geht auf demselben Weg zurück nach Peschiera del Garda oder weiter bis nach Mantua.

Handgefaltete Tortellini

ERLEBEN

Picknicken im Parco Sigurtà: Den 60 Hektar großen Park – er zählt zu den schönsten Europas – zu Fuß, per Fahrrad, Bummelzug oder Golf-Cart zu erkunden, auf den Wiesen zu picknicken oder sich in einem gigantischen Labyrinth zu verirren macht auch Kindern Spaß. Im Frühling blüht hier eine Million Tulpen.

Via Cavour 1, 37067 Valeggio sul Mincio,
T (+39 045) 63 71 033.
www.sigurta.it

~

Tortellini selber machen: Im Ristorante I Giardini di Borghetto verrät Köchin Ivana Kochbegeisterten, wie man goldgelben Teig perfekt ausrollt und zu Nodi d'Amore (Tortellini) faltet. Das Ergebnis wird anschließend gemeinsam verzehrt. Die Cooking Classes finden in italienischer oder englischer Sprache statt, eine Anmeldung ist nötig.

Via Ponte Visconteo 533,
37067 Valeggio sul Mincio
(Ortsteil Borghetto),
T (+39 34) 87 82 60 17 (Mirco) oder
(+ 39 34) 03 34 71 05 (Serena).
www.giardinidiborghetto.com

GENIESSEN

Antica Locanda Mincio: Wunderschön, direkt am Flussufer sitzt man hier unter schattigen Baumkronen. Als Spezialität gibt es hausgemachtes Tortelloni-Tris (Tortelloni mit dreierlei Füllungen), aber auch gegrillte Forellen, Aal in allen Variationen oder Schnecken. Tischreservierung empfohlen!

Via Buonarotti 12,
37067 Valeggio sul Mincio
(Ortsteil Borghetto),
T (+39 045) 79 50 059.
www.anticalocandamincio.it

EINKAUFEN

Al Re del Tortellino: Der „König des Tortellino" verkauft Tortelloni, gefüllt etwa mit Spinat, Radicchio, Spargel, Artischocken, Käse, Fisch oder Wild – alle per Hand geformt, aber auch Pasta al forno, frische Nudeln oder Gnocchi.

Via San Rocco 25, Valeggio sul Mincio,
T (+39 045) 79 50 523.
www.alredeltortellino.it

Dufte Idee:
Parfüms inspiriert von den Gardasee-Winden

PARFÜMERIE TERRE DEL GARDA

Sirmione

Den Duft des Gardasees erschnuppern

Die Fischer vom Gardasee erzählen, dass am Abend, wenn die Ora aufhört zu wehen und der Pelèr noch nicht aufgekommen ist, für einen kurzen Moment ein wunderbarer Duft über dem Lago schwebt. Die Parfümerie Terre del Garda füllt diesen in bildschöne Flakons ab.

Düfte sind zwar unsichtbar, aber dennoch faszinierend und vor allem eng mit Emotionen verbunden. Der Hauch eines Duftes dringt zu uns und im Nu werden Erinnerungen wach und lassen in unserem Kopf bestimmte Bilder entstehen. Mit unverwechselbaren Gerüchen verbinden wir sofort persönliche Erlebnisse. Das weiß auch **SIGNOR GIULIO COCCOLI**, der in seiner wunderschönen, in frischem Aquamarinblau gestrichenen Parfümerie **TERRE DEL GARDA** im historischen Zentrum von Sirmione den **DUFT DES GARDASEES** in bauchige Flakons aus dickem Glas abfüllt. Benannt sind seine Parfüms nach den Gardasee-Winden wie **ORA**, der berühmteste, aus dem Süden kommende *vento*, der von mittags bis Sonnenuntergang bläst, oder **PELÈR**, der von etwa 5 Uhr morgens bis gegen 11 Uhr vormittags weht.

Eine **ROMANTISCHE LEGENDE** inspirierte Giulio Coccoli zur Kreation seiner Düfte: Es war einmal eine adelige Signorina, die am Gardasee lebte und sich unsterblich in einen venezianischen Parfümhändler **VERLIEBTE** – eine unmögliche Verbindung in den Augen der damaligen Gesellschaft. Getrennt durch die einstigen Konventionen sollen die Liebenden bis heute versuchen, sich auf den Wellen des Sees zu treffen, genau wie die beiden Winde Ora und Pelèr.

In der Parfümerie Terre del Garda können Sie alle Düfte ausprobieren: Bei **ORA** sind Zitrusfrüchte die Kernnote, bei **PELÈR** weißer Oleander, Wacholder und Rosmarinblüten. Der Wind **VINESSA** trägt einen fruch-

TERRE DEL GARDA
Via Giuseppe Piana 2,
25019 Sirmione (BS),
T (+39 030) 57 82 929.
www.terredelgarda.net

Sie finden die zauberhafte Parfümerie auch in Riva und Salò:

Via Fiume 31/33,
38066 Riva del Garda (TN),
T (+39 0464) 90 54 22.

Via Napoleone 8,
25087 Salò (BS),
T (+39 0365) 52 07 13.

tigen Hauch von Mandarine, Bergamotte und Limone mit sich und der Wind Balì versprüht mit Aromen von Eiche, Zeder und Moos den Duft der Wälder rund um den Gardasee. Das liebliche rosafarbene Parfüm **ISOLA DEL GARDA** erinnert uns an den üppig blühenden Blumengarten der einzig bewohnten Insel am See (→ Seite 23), durch den wir flaniert sind, **TOSCOLANO 1381** mit feinen Noten von Fichte und Leder an unseren Ausflug in das verwunschene Papiermühlental (→ Seite 175) in Toscolano. Und der sonniggelbe Duft **TASSONI 225** riecht genauso fruchtig-herb, wie die Limonade Cedrata Tassoni Soda – ein Kultgetränk am Gardasee (→ Seite 161) – schmeckt.

Die **HÜBSCH VERPACKTEN FLAKONS** in der Auslage der Parfümerie springen uns förmlich ins Auge – wer will schon ohne **SOUVENIR ODER MITBRINGSEL** im Koffer nach Hause fahren?

Mit den Düften von Terre del Garda nehmen Sie einen Hauch Gardasee, der Urlaubserinnerungen wachruft, mit nach Hause.

Wenn Sie quirlige Städtchen mögen, sind Sie in Sirmione richtig.

EINKAUFEN

Handgemachte Seifen: Im Shop **Amadeus** stapeln sich bunte Seifen mit Heilwasser aus der Thermalquelle von Sirmione, duftend nach Lavendel, Rose, Lorbeer, Olive, Mandel, Zitrone oder Schwefel (für unreine Haut) in der Vitrine – so macht Händewaschen Spaß.

Vicolo Carpentini 3,
25019 Sirmione (BS), T (+39 030) 91 64 15.
www.amadeus-sirmione.com

GENIESSEN

Eis schlecken: Nirgendwo am See reihen sich so viele Eisdielen aneinander wie in Sirmione. Frucht- oder Sahneeis in allen Farben, Frozen Yoghurt oder Granita (aromatisiertes Wassereis im Becher, mit Strohhalm serviert), vegan oder glutenfrei. Ein (Riesen)Eis in Sirmione essen macht glücklich.

Gelato für Ihren Hund: Ja, Sie haben richtig gelesen. Direkt neben der Wasserburg finden Sie die Eisdiele und Konditorei **My Dog** für Hunde. Hier gibt's nicht nur bunte Kekse, Cupcakes, Eis und Getränke, auch Hundesitter können organisiert werden.

Via Dante 4, 25019 Sirmione (BS),
T (+39 030) 69 50 670.

Den Torre di San Martino sieht man schon von Weitem.

LA BATTAGLIA DI SAN MARTINO E SOLFERINO

Auf den Spuren einer blutigen Schlacht

Mit dem Sieg gegen Österreich bei Solferino 1859 gewannen die vereinten Franzosen und Piemonteser die Lombardei. Die entsetzlichen Verluste und das Elend auf dem Schlachtfeld ließen in einem Augenzeugen und späteren Friedensnobelpreisträger eine humanitäre Idee reifen.

„Die Sonne des 25. Juni beleuchtete eines der grauenvollsten Schauspiele, die man sich vorstellen kann", schrieb der Schweizer Kaufmann **HENRY DUNANT (1828–1910)** in seinem Buch „Eine Erinnerung an Solferino". Er war am Tag zuvor, dem 24. Juni 1859, zum Augenzeugen der blutigen **SCHLACHT VON SAN MARTINO UND SOLFERINO** 10 Kilometer südlich des Gardasees geworden, bei der mehr als 40.000 Soldaten auf dem Schlachtfeld tot liegen geblieben waren oder qualvoll – ohne jegliche ärztliche Versorgung – starben. Erschüttert vom Elend der Abertausenden Todgeweihten, organisierte Dunant mit der vor allem weiblichen Unterstützung der Bevölkerung einen Hilfsdienst, der Verwundete transportierte und versorgte. Mit seiner Schrift, die Dunant auf eigene Kosten drucken ließ und an führende Politiker und Militärs in ganz Europa schickte, warb er für die Idee, die ihm auf dem Schlachtfeld gekommen war: die Gründung einer Rettungsorganisation, die in Kriegshandlungen neutral bleiben und sich um die Versorgung der Verletzten beider Seiten kümmern solle – **DAS ROTE KREUZ** wurde geboren. 1901 erhielt Dunant den zum ersten Mal verliehenen **FRIEDENSNOBELPREIS.**

Im Ort **SAN MARTINO** erinnert der weithin sichtbare, 65 Meter hohe **TORRE DI SAN MARTINO DELLA BATTAGLIA** (1880) eindringlich an die Schrecken des **ZWEITEN ITALIENISCHEN UNABHÄNGIGKEITSKRIEGES** (Risorgimento). Im Inneren finden Sie Büsten gefallener Generäle, Wandmalereien, die dramatische

UNTERWEGS

MIT PLAN

TORRE E MUSEO DI SAN MARTINO
Via Torre 2, 25015 Desenzano (BS), T (+39 030) 9910 370.

~

MUSEO DEL RISORGIMENTALE DI SOLFERINO
Via Ossario di Solferino, 46040 Solferino (MN), T (+39 0376) 85 40 19.

~

ROCCA DI SOLFERINO
Vicinale del Castello Solferino (MN), T (+39 338) 75 01 396.

~

Mit einem **Kombi-Ticket** (10 Tage gültig) können Sie den Torre di San Martino, die Rocca und das Museum von Solferino besichtigen.

www.solferinoesanmartino.it

Kriegsszenen darstellen, Gemäldezyklen und Bronzestatuen. Eine ansteigende Rampe windet sich bis zur herrlichen Aussichtsplattform an der Turmspitze, auf deren Leuchtturm abends die Farben der **TRICOLORE**, der italienischen Flagge, erstrahlen. Waffen, Uniformen, Ausrüstungen, Briefe oder Alltagsgegenstände der Soldaten sind im **KRIEGSMUSEUM** hinter dem Turm ausgestellt, wenige Schritte weiter befindet sich ein *ossario*, **BEINHAUS**, in dem 1.200 Schädel und 2.600 Gebeine Gefallener aufeinandergestapelt sind – ein makabrer Anblick.

In **SOLFERINO** erhebt sich auf dem höchsten Hügel des Ortes die **ROCCA DI SOLFERINO** (11. Jahrhundert), ein viereckiger Turm, der wegen des perfekten Rundblicks *Spia d'Italia*, Spion Italiens, genannt wird. Dahinter finden Sie das sehenswerte **MUSEO RISORGIMENTALE** und am Ende einer Zypressenallee das **MEMORIALE CROCE ROSSA INTERNAZIONALE**, mit dem man der Croce Rossa, dem Roten Kreuz, 1959 ein Denkmal gesetzt hat: Rund 150 Marmortafeln aus aller Welt erinnern an all die Länder, die dem **INTERNATIONALEN ROTEN KREUZ** angehören.

Zwei sehenswerte geschichtsträchtige Orte, die nachdenklich stimmen.

Fresken im Inneren des Turms
erinnern an die Schrecken der Schlachten.

WEITERE T TIPPS

ANSCHAUEN

Museo Internazionale Croce Rossa (MICR): Im Museum des Roten Kreuzes zeugen chirurgisches Feldbesteck, Holzbahren, Verbandsmaterial, historische Dokumente – darunter der erste 1901 an Henry Dunant verliehene Friedensnobelpreis – ansprechend aufbereitet von vergangenen und gegenwärtigen Aktivitäten des Roten Kreuzes. 8 Kilometer von Solferino entfernt.

Via Giuseppe 50, 46403 Castiglione delle Stiviere (MN), T (+39 0376) 63 11 07. www.micr.it

ERLEBEN

Bummeln in einem der schönsten Dörfer Italiens: Der mittelalterliche, vollständig ummauerte Ort **Castellaro Lagusello** (12. Jahrhundert) zählt zu den Borghi più belli d'Italia, den schönsten Dörfern Italiens, und ist wie in alten Zeiten nur über ein einziges Stadttor zu erreichen. Romantisch: Der kleine herzförmige See direkt hinter dem Ort. Entfernung zu San Martino oder Solferino: 10 Kilometer.

www.borghipiubelliditalia.it

GARDASEE SPONTAN

AUSFLÜGE

So schön der Gardasee und die umliegenden Berge sind, manchmal hat man auch Lust auf Stadtluft – 5 Tipps für City-Trips.

1 BRESCIA – DIE UNBEKANNTE SCHÖNE

Die zweitgrößte Stadt der Lombardei punktet mit UNESCO-Weltkulturerbestätten wie dem römischen Capitolium und dem Museo di Santa Giulia, untergebracht in einem prächtigen Klosterkomplex mit Kreuzgängen und freskenverzierten Kirchen, aber auch mit von Arkaden gesäumten Einkaufsstraßen und herrlichen Plätzen.

Mein Tipp: Spazieren Sie vom *centro storico* hinauf zum *castello*, einer der größten Festungsanlagen Italiens.

Desenzano del Garda – Brescia:
rund 30 Kilometer.

www.turismobrescia.it

2 BERGAMO – MEINE WAHLHEIMATSTADT

Bèrghem (Dialekt) überrascht mit zwei Gesichtern: Über der modernen Città bassa, unteren Stadt, thront die von einer 5 Kilometer langen Stadtmauer – seit 2017 UNESCO-Weltkulturerbe – gesicherte Città alta, obere Stadt, mit Kirchen, Renaissance-Palazzi und der traumhaften Piazza Vecchia, dem Herz der Altstadt.

Mein Tipp: Probieren Sie das Stracciatella-Eis im Café La Marianna (Città alta) – hier wurde es 1961 erfunden.

Desenzano del Garda – Bergamo:
77 Kilometer.

www.visitbergamo.net

Der berühmte Architekt Le Corbusier soll gesagt haben: „Wer in der verehrungswürdigen Unbekannten", wie er Bergamos Città alta nannte, „auch nur einen Stein verändert, begeht ein Verbrechen." Wer sich hier umsieht, glaubt es sofort.

3 MANTUA – UND DIE GONZAGA-HERZÖGE

Die von Seen umgebene ehemalige Residenz der Gonzaga-Herzöge zählt mit dem in der Renaissance gegründeten Ort Sabbioneta im Südwesten ebenfalls zum UNESCO-Weltkulturerbe. Drei imposante, auf einer Linie liegende Plätze mit mittelalterlichen Palazzi bilden das Herz der Altstadt. Highlight: Der Palazzo Ducale mit 500 (!) Zimmern, Innenhöfen und Gärten.

Mein Tipp: Der Radweg Peschiera del Garda – Mantua (→ S. 119).

Peschiera del Garda – Mantua: rund 40 Kilometer.

www.turismo.mantova.it

4 VERONA – STADT DER LIEBENDEN

Die Stadt von Shakespeares „Romeo und Julia" zu besuchen ist fast ein „Muss". Tausende pilgern zur Casa di Giulietta mit dem wohl bekanntesten Balkon der Welt. Die Altstadt mit der römischen Arena, der größten Freiluftoper Italiens, ist ebenfalls UNESCO-Weltkulturerbe.

Mein Tipp: Liebeskummer? Schreiben Sie an den Club di Giulietta (www.julietclub.com), ehrenamtliche „Sekretärinnen Julias" beantworten Briefe aus aller Herren Länder.

Peschiera del Garda – Verona: rund 30 Kilometer.

www.turismoverona.eu

5 ROVERETO – DAS MAUERBLÜMCHEN

Viele Reisende, die auf der Brennerautobahn A22 Richtung Gardasee brettern, lassen Rovereto links liegen. Schade! Denn die verwinkelte Altstadt schmückt sich mit prächtigen Palazzi, lauschigen Plätzen, Cafés und historischen *botteghe*, kleinen Geschäften und Werkstätten.

Mein Tipp: MART, das Museum für moderne und zeitgenössische Kunst, entworfen von den Stararchitekten Mario Botta und Giulio Andreolli.

Torbole – Rovereto: rund 20 Kilometer.

www.mart.trento.it und www.visitrovereto.it

Nach dem Markt treffen sich Einheimische
in den Cafés am Hafen.

Familientipp →

Dienstag ist Markttag!

Kosten, plaudern, bummeln. Auf dem Wochenmarkt in Desenzano, dem größten am See, finden Sie von Schuhen, Taschen und Spitzenbüstenhaltern bis hin zu frischem Fisch, Salami- oder Käsespezialitäten alles. Italien ist eben das Land des guten Geschmacks – in jeder Hinsicht.

Il mercato, der Markt, ist das **HIGHLIGHT DER WOCHE**. Fliegende Händler besuchen reihum die Uferstädte und jeden Wochentag findet in einem anderen Ort rund um den Lago ein großer, meist sehr gut besuchter Markt mit Ständen direkt an den Uferpromenaden oder im Ortszentrum statt.

Desenzano, die **GRÖSSTE STADT AM SEE**, blieb bislang vom Massentourismus verschont. Wer sich hier ins Marktgetümmel stürzt, begibt sich hauptsächlich mit Einheimischen auf **SCHNÄPPCHENJAGD**. Die Auswahl ist riesig. Das sollten Sie sich nicht entgehen lassen, wenn Sie günstige Schuhe, Pyjamas, Haushaltskittel, Gürtel, Taschen, Mäntel, Blusen, Hosen oder Haushaltsartikel brauchen. **HIER GIBT'S EINFACH ALLES:** lose Duschköpfe, Verlängerungskabel, Schönes aus Olivenholz, Klobürsten, Ersatzteile für das Espressokännchen wie Filter, Dichtungen oder Griffe, Socken, Modeschmuck, Unterwäsche, Keramik, Kochtöpfe, Vorhänge oder Tischtücher.

Auf dem *mercato* schlägt einmal wöchentlich **DESENZANOS HERZ**: Einheimische Frauen tauschen über Zehnerbündeln von Artischocken, Tomaten in allen Farben und Formen oder dicken Fenchelknollen Rezepte aus, lassen sich vom *macellaio*, Fleischhauer, Scheiben von **WILDSCHWEIN-, HIRSCH- ODER ROTWEINSALAMI** reichen oder wählen am Käsestand zwischen regionalen Sorten wie würzigem Formaggio di Tremosine, buttriger Formagella di Tremosine oder dem **BERGGKÄSE** Formaggio Bagòss – auch Grana Bresciano genannt. Nebenan wickelt der Fischhändler frisch frittierte Tintenfischringe in Papier und von der *rosticceria*, Grillstation, einige Reihen weiter weht das fettgeschwängerte Aroma

MIT PLAN

TOURISTINFO
Via Porto Vecchio 34, 25015 Desenzano del Garda, T (+39 030) 99 91 351. www.visitdesenzano.it

~

KEIN TAG OHNE MERCATO
In vielen Orten rund um den Gardasee finden Wochenmärkte (meist von 8 bis 13 Uhr) statt. Eine kleine Auswahl:

Lunedì (Montag):
Moniga del Garda, Peschiera del Garda, Sirmione (Ortsteil Colombare), Torri del Benaco

Martedì (Dienstag):
Desenzano, Limone sul Garda, Salò, Tignale

Mercoledì (Mittwoch):
Gargnano, Lazise, Riva del Garda (jeden 2. und 4. Mittwoch im Monat), San Felice del Benaco

Giovedì (Donnerstag):
Bardolino, Toscolano Maderno

Venerdì (Freitag):
Garda, Manerba del Garda, Malcesine, Padenghe sul Garda, Gardone Riviera, Sirmione

Sabato (Samstag):
Caprino, Malcesine, Padenghe sul Garda, Salò

Informationen: www.visitgarda.com

GEBRUTZELTER HÜHNER herüber, die sich seit den frühen Morgenstunden am Spieß drehen.

Zwischen all den Köstlichkeiten locken gelbe, grüne oder rote handbekritzelte Zettel: *Offerta!*, im Angebot!, oder *Saldi!*, Abverkauf. Die Händler werben mit Leidenschaft für ihre Ware: *Le ultime calzamaglie!*, die letzten Strumpfhosen, zur Schau gestellt auf abgeschnittenen Plastikbeinen – *tre Euro*, drei Euro! Auf Kleiderstangen oder von Markisen baumeln Lederjacken, Pullover, Bikinis oder Morgenmäntel aus Fleece. In den Marktbussen oder hinter aufgehängten Tüchern kann man schnell in die Kleider schlüpfen.

Italiener lieben es, ihren **WOCHENEINKAUF AUF DEM MARKT** statt anonym im Supermarkt zu erstehen: Die schicke Signora mit gelb getönten Sonnenbrillen und Designertasche ebenso wie die *nonna*, Oma, mit Einkaufswägelchen oder die junge *mamma*, die ihr quengelndes Kind mit einem Stück **OFENWARMER FOCACCIA** zufriedenstellt. Es herrscht eine **HEITERE ATMOSPHÄRE**, man trifft ganz selbstverständlich auf Freunde oder Nachbarn, genießt gemeinsam einen *caffè* in einer der umliegenden Bars und stoppt vor dem Nachhauseweg noch ganz schnell am Stand Rosticceria Polleria und lässt sich ein **SAFTIGES GRILLHUHN MIT PATATE AL FORNO**, Ofenkartoffeln, einpacken.

ERLEBEN

Wenn es Nacht wird in Desenzano, sitzen Sie besonders stimmungsvoll am Porto Vecchio, dem alten Hafen: Die tief stehende Sonne lässt den See in funkelndem Gold erscheinen, die bunten Boote schaukeln leise am Kai und in den umliegenden *ristoranti* können Sie herrlich schlemmen, trinken, plaudern, flirten.

Pyjamas zum Schnäppchenpreis

Ab ins Gewühl!
Auf dem Wochenmarkt in Desenzano erleben Sie unverfälschten italienischen Alltag.

Artischocken werden im Bündel verkauft.

Blick auf die Altstadt von Lonato mit Duomo und Torre Maestra

LA ROCCA & LA CASA DEL PODESTÀ

Lonato del Garda

KULTUR
GESCHICHTE

Eine majestätische Festung erkunden

Für einen Besuch der Burgruine Rocca di Lonato und des sehenswerten Museums Casa del Podestà müssen Sie das Seeufer verlassen und ein kleines Stück ins Hinterland fahren. Doch das lohnt sich – das hübsche Städtchen Lonato del Garda strahlt Ruhe aus, selbst im Hochsommer.

Unübersehbar thront die gewaltige Burgruine **ROCCA** (14. Jahrhundert) auf einem Hügel über dem lombardischen Ort Lonato del Garda, nur 5 Kilometer von Desenzano entfernt. Strategisch wichtig zwischen Brescia und Verona gelegen, galt sie jahrhundertelang als eine der wichtigsten Befestigungsanlagen des Landes und war immer wieder heftig umkämpft. Heute lockt die Rocca als traumhaft schöne Hochzeitslocation vor allem Liebende an.

Von der Burgruine, die Sie über eine **IMPOSANTE ZUGBRÜCKE** betreten, öffnet sich eine fantastische Sicht über die Altstadthäuser und die liebliche, mit Weinreben und Olivenbäumen bepflanzte Hügellandschaft bis hin zum Gardasee. Ein Weg führt zum oberen Teil der Rocca, der sogenannten Rocchetta, zur Casa del Capitano, in der das **STÄDTISCHE VOGELKUNDEMUSEUM** Gustavo Adolfo Carlotto untergebracht ist. Hier können Sie rund 700 präparierte Exemplare der italienischen Vogelfauna in zwölf schön dekorierten Schaukästen bestaunen.

Nur wenige Schritte unterhalb der **ROCCA DI LONATO** versteckt sich die **CASA DEL PODESTÀ**, eine schmucke Villa im gotisch-lombardischen Stil (15. Jahrhundert), in der einst venezianische Statthalter residierten. Der Politiker und Kunstliebhaber **UGO DA COMO** (1869–1941) war so sehr von dem Anwesen begeistert, dass er es 1906 erwarb und vom damaligen Stararchitekt Antonio Tagliaferri detailversessen renovieren ließ. Über dreißig Jahre bewohnte Ugo da Como mit seiner Frau Maria Glisenti das Haus und häufte eine **SPEKTAKULÄRE KUNSTSAMMLUNG** an. Etwa dreitausend Schätze – antikes Mobiliar, Gemälde, Keramik, Porzellan,

UNTERWEGS

MIT PLAN

CASA DI UGO DA COMO
Eine Besichtigung ist nur im Rahmen einer Führung möglich. Es gibt ein Sammelticket: La Rocca & Casa del Podestà.

Via Rocca 2, 2
5017 Lonato del Garda (BS),
T (+39 030) 91 30 060.
www.fondazioneugodacomo.it.

~

LA ROCCA
www.roccadilonato.it

~

INFO POINT
Piazza Martiri della Libertà 21,
25017 Lonato del Garda (BS),
T (+39 030) 91 39 22 16–226.
www.lonatoturismo.it

Skulpturen, Majoliken oder Statuen – türmen sich in zwanzig Räumen, durch die Sie im Rahmen einer Führung flanieren, ohne sich dabei wie in einem Museum zu fühlen.

Highlight ist die lichtdurchflutete **PRIVATBIBLIOTHEK MIT ÜBER 50.000 BÄNDEN**, die ältesten stammen aus dem 12. Jahrhundert, wertvollen Drucken, Handschriften, Miniaturmalereien, Erstausgaben sowie **DEM KLEINSTEN BUCH DER WELT.** Es wurde 1897 in Padua gedruckt und beinhaltet ein Schreiben von **GALILEO GALILEI** an die Großherzogin Christina von Lothringen. In all den kostbaren Werken dürfen Sie nach vorheriger Terminvereinbarung (mit Handschuhen) schmökern. Blickfang in der *biblioteca* ist die Nachbildung der geflügelten **SIEGESGÖTTIN VON BRESCIA** – das kürzlich restaurierte Original befindet sich im Museumskomplex Santa Giulia, UNESCO-Weltkulturerbe, in Brescia (→ Seite 130).

Bei einem anschließenden Bummel durch die kleine Altstadt Lonatos treffen Sie unweigerlich auf zwei weitere Prachtbauten: den 55 Meter hohen begehbaren **TORRE MAESTRA** (16. Jahrhundert) und die barocke, von einer mächtigen Kuppel bekrönte **BASILICA DI SAN GIOVANNI BATTISTA.**

Alles voll und hektisch
in der Hauptsaison?
Hier können Sie sich entspannen!

Oben: La Casa del Podestà
Unten: Ugo da Comos wertvolle Sammlungen – für Kunstsinnige besonders reizvoll

EINKAUFEN

Stöbern auf einem Antiquitätenmarkt: Jugendstilspiegel oder Biedermeierkommode – auf dem großen Mercato dell'Antiquariato locken Trödel und Antikes. Piazza Martiri della Libertá, jeweils am 3. Sonntag im Monat, 9 bis 18 Uhr.

~

Schuhe, Taschen oder Schmuck? Im **Shopping Center Leone di Lonato** finden Sie 106 Geschäfte, täglich bis 22 Uhr geöffnet. Außerdem: Restaurants, großer Kinderbereich (mit Aufsicht) und „Dog-Parking".

Via Mantova 36,
25017 Lonato (BS).
www.illeonedilonato.klepierre.it

~

Im neu eröffneten Sportdiscounter **Maxi-Decathlon** 500 Meter weiter gibt's Sportartikel jeglicher Art zu günstigen Preisen.

www.decathlon.it

Über einer lieblichen Hügellandschaft thront die Burg von Lonato.

ERLEBEN

Picknicken in den Weinbergen: Auf dem modernen Weingut **Perla del Garda** können Sie Verkostung und Besichtigung mit einem Picknick (auf Bestellung) in den Weinbergen kombinieren. Die Weine: hauptsächlich Lugana, aber auch Spumante, Bio-Weine und Olivenöl.

Via Fenil Vecchio 9,
25017 Lonato del Garda (BS),
T (+39 030) 91 03 109.
www.perladelgarda.it

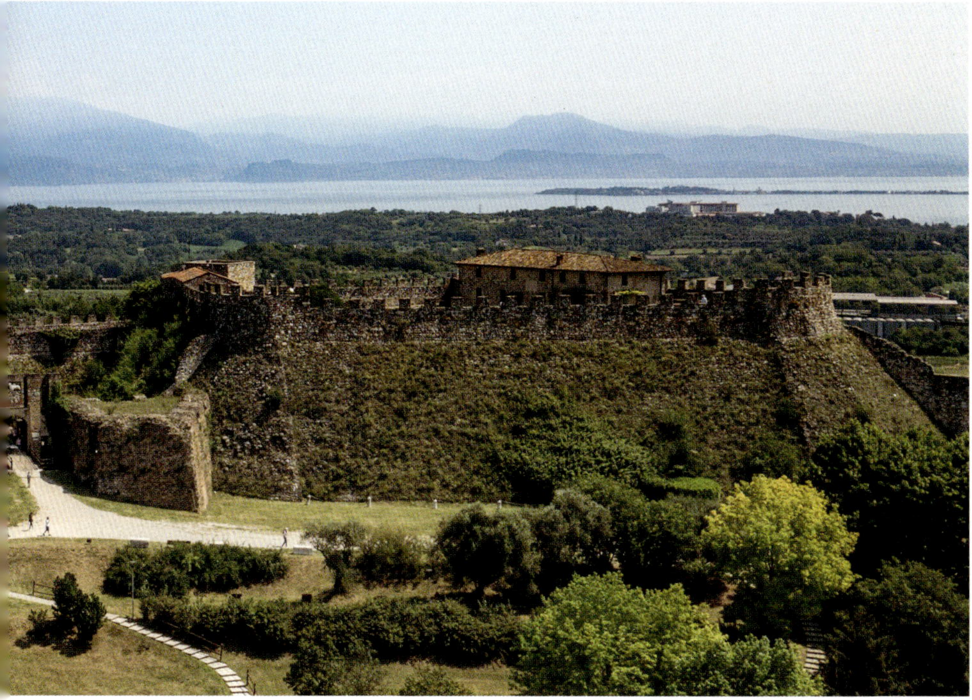

Perspektivenwechsel
am Westufer – mit Exzentrikern
und Künstlern, Verführern
und Zitronen

Spontan MIT PLAN

WEST-
UFER

Oben: Ein nostalgisches Schild weist den Weg.
Unten: Fein tafeln inmitten von Olivenbäumen.

ÖLMÜHLE MANESTRINI

Soiano del Lago

Feinstes Olivenöl verkosten

Oh, wie das duftet! Nach frisch geschnittenem Gras, Artischocken oder Mandeln. Nichts schmeckt herrlicher als ein Gericht, verfeinert mit Olio extra Vergine di Oliva. Erst kosten, dann kaufen, das ist in Italien selbstverständlich. Ein Besuch in der Ölmühle Manestrini.

Bei Olivenöl aus dem Belpaese denkt man erst einmal an den Süden. An Apulien, Kalabrien oder die Toskana. Doch auch am Gardasee, vor allem am Ostufer, der sogenannten **RIVIERA DEGLI OLIVI**, gedeihen seit der Antike Tausende und Abertausende Olivenbäume. Sie zählen neben denen am Comer See zu den nördlichsten Olivenhainen in Europa. *L'oro verde*, das **GRÜNE GOLD**, wie das Olivenöl gerne genannt wird, gehört im Stiefelland wie Salz und Pfeffer in jede Küche und ziert in Kännchen jede Tafel.

Wir machen es heute wie Italiener, die ihr Olio extra Vergine am liebsten direkt beim heimischen Produzenten kaufen, und besuchen die **ÖLMÜHLE MANESTRINI** in Soiano del Lago. Sie liegt idyllisch im hügeligen Hinterland, nur einen Katzensprung vom südwestlichen Seeufer entfernt.

„Wir ernten unsere Oliven noch per Hand", erzählt Nicoletta Manestrini, die charmante Betreiberin der Ölmühle, in ausgezeichnetem Deutsch. Im Herbst, wenn sich der See von den Touristen erholt, hängen die Früchte prall an den Bäumen und im *frantoio*, der Ölmühle, herrscht Hochbetrieb. Erntehelfer zupfen Olive für Olive von den Ästen, sie werden noch am selben Tag verarbeitet und kalt gepresst. Das sei laut Nicoletta, ganz bescheiden erklärt, das ganze Geheimnis ihres mehrfach ausgezeichneten Öles.

Aber wie unterscheidet man als Laie ein qualitativ hochwertiges von schlechtem Öl? „An den Aromen und Gerüchen", sagt Nicoletta. Das Verkosten ist also das Wichtigste bei der Auswahl des richtigen Olivenöls. Andächtig beträufeln wir Weißbrot mit **OLIO EXTRA VERGINE DI OLIVA GARDA BRESCIANA**

UNTERWEGS

MIT PLAN

FRANTOIO MANESTRINI
Besichtigungstouren mit Verkostung (nur nach Anmeldung) von Mai bis September. Preis: 7 Euro. Im Sommer finden im Olivenhain Yoga- und Malkurse statt.

Via Avanzi 7, 25080 Soiano del Lago (BS). T (+39 0365) 502231. www.manestrini.it (mit Onlineshop).

DOP (geschützte Herkunftsbezeichnung), das goldgelb und duftend aus der Flasche fließt. Es schmeckt *dolce*, mild, mit einem Hauch von Artischocke und Mandeln. Die Öle sind köstlich und bestechen durch ihre harmonischen Aromen von *fruttato*, fruchtig, oder *intenso*, intensiv, über *amaro*, bitter, bis hin zu *piccante*, pikant.

In der **OILBAR**, die Nicoletta im Sommer 2020 eröffnet hat, gibt es eine kleine, feine Auswahl regionaler Gerichte: Forelle gebadet in mit Orangen aromatisiertem Olivenöl oder Taglieri, regionale Käse- und Salamispezialitäten auf einem Holzbrett serviert. Mein persönliches Highlight: Das Olivenöl-Gelato mit Pistazien und Vanille – das klingt seltsam, ist aber köstlich. Wer möchte, lässt sich einen **PICKNICKKORB** füllen und sucht ein lauschiges Plätzchen im Olivenhain.

Im Verkaufsraum geht es weiter mit italienischen Köstlichkeiten: Hier können Sie sich mit Olivenölen, aber auch mit Wein, Limoncino (Zitronenlikör), Grappa, Honig, Marmeladen, Naturkosmetik aus Olivenöl und vielen weiteren Delikatessen der Region für zu Hause eindecken.

Nach der Besichtigung der Olivenölmühle können wir gut nachvollziehen, warum gutes, naturbelassenes Olio extra Vergine nicht nur ein paar Euro kosten kann – ein aromatisches Urlaubserlebnis.

ERLEBEN

Bälle abschlagen: Eingebettet in eine zauberhafte Hügellandschaft erstreckt sich der Golfclub Arzaga (27 Löcher), nur wenige Kilometer von Soiano del Lago entfernt. Er zählt zu den schönsten und elitärsten am See.

www.arzagagolf.it

~

Flanieren am Lido di Padenghe: Ebenfalls ganz in der Nähe liegt Padenghe sul Garda mit seiner von Weitem sichtbaren Burg. Der gepflegte Kiesstrand zählt zu den schönsten am Lago und auf der langen, von Bars und Restaurants gesäumten Seepromenade können Sie bis nach Moniga del Garda spazieren.

ANSCHAUEN

Auf Entdeckungstour ins Ölmuseum: Am Gardasee ist man so stolz auf das Olivenöl, dass ihm ein Museum gewidmet wurde. Der Eintritt ist frei. Im Museumsshop gibt es Spezialitäten wie Olivenöle, Kapern, Grappa, Wein, Pesto oder Marmeladen zu kaufen. Museo dell'Olio di Oliva am gegenüberliegenden Ostufer des Sees.

Via Peschiera 54, 37011 Cisano (VR),
T (+39 045) 62 29 047.
www.museum.it

WEITERE T TIPPS

Ideale Mitbringsel: handverlesene regionale Produkte

Oben: Aussichtspunkt auf der Rocca di Manerba
Unten: Hier haben Sie den See immer im Blick.

ROCCA DI MANERBA

Manerba del Garda

AKTIVITÄT

NATUR

Familientipp

Eine grandiose Fernsicht genießen

So schön der Gardasee, vom Ufer aus betrachtet, auch ist: Seinen ganzen Reiz offenbart er erst aus luftiger Höhe. Die Rocca di Manerba ist einer der herrlichsten Aussichtspunkte am Lago – und nur zu Fuß zu erreichen.

Um die Rocca di Manerba ranken sich viele **LEGENDEN**, eine erzählt von einem bösen Wolf, der in einer Höhle in Burgnähe hauste und die Menschen in Angst und Schrecken versetzte. Ein auf das Tier ausgesetztes Kopfgeld lockte schließlich drei tapfere *ragazzi*, Burschen, aus Moniga, Raffa und Pieve Vecchia an, jeder mit einem geheimen Plan, um der Bestie den Garaus zu machen. Die Männer aus Moniga und Raffa scheiterten bei dem Versuch, den Wolf mittels Köder oder Netz zu fangen, und stürzten von der rund 200 Meter hohen Klippe in den Tod – zwei Felsbrocken am Strand von Manerba sollen an das Unglück erinnern. Tosello hingegen, der Bursche aus Pieve Vecchia, verschanzte sich hinter einem Busch, heulte wie ein Wolf und lockte diesen aus seiner Höhle. Als sich das wilde Tier auf ihn stürzen wollte, hielt er ihm furchtlos ein großes Kreuz entgegen, woraufhin der Wolf rückwärts taumelte und ebenfalls über die Klippe fiel. Zu Ehren des mutigen Tosello sollen die Einwohner von Manerba del Garda das große Kreuz, das bis heute von weithin sichtbar auf der Festung thront, errichtet haben.

Die **ROCCA DI MANERBA** erreichen Sie auf einem etwa 15-minütigen, auch für Kinder geeigneten Spaziergang. Zu sehen sind lediglich Überreste der einstigen Burg, die vermutlich aus der Langobardenzeit stammt und 1575 von den Venezianern bis auf die Grundmauern zerstört wurde. Heute wandert man vor allem wegen der **SPEKTAKULÄREN AUSSICHT** hierher, die Besucher selbst im Hochsommer fernab von Touristenströmen genießen können. Der Blick schweift Richtung Süden, wo die Berge allmählich zurücktreten, der See sich zu einem bauchigen Becken formt und breit wird wie ein Meer, und bei Schönwetter bis nach Torbole im bergigen Norden.

ROCCA DI MANERBA
Vom Ortsteil Montinelle führt eine beschilderte, teils sehr enge (Einbahn)Straße bis zum Parkplatz der Rocca di Manerba.

Via della Rocca 20, 25080 Manerba del Garda (BS). www.riservaroccamanerba.com

Auf einem Rundgang durch den 114 Hektar großen Naturpark **LA RISERVA NATURALE DELLA ROCCA E DEL SASSO**, der sich rund um die Rocca di Manerba erstreckt, können Sie die herrliche Gegend mit einzigartiger Flora und Fauna erkunden. **WANDERFÜHRER** (auch auf Deutsch) erhalten Sie in dem modernen Bau neben dem Parkplatz. Er beherbergt auch eine Kaffeebar mit Terrasse sowie ein **ARCHÄOLOGISCHES MUSEUM**, in dem Sie auf zwei Stockwerken eine Sammlung prähistorischer und römischer Funde der Rocca sowie Modelle der Burg bestaunen können.

ERLEBEN

Stehend über den See paddeln: Stand-up-Paddle-Kurse, SUP-Touren zum Beispiel bei Mondschein oder Yoga-Kurse auf Stand-up-Paddles können Sie in der SUP-School Garda buchen. Auch SUP-Verleih.

Via Duca d'Aosta, 25080 Manerba del Garda (BS), T (+39 389) 20 22 414. www.supgarda.it

~

Übersetzen zur Isola San Biago: Die Mini-Insel – von Einheimischen Isola dei Conigli, Kanincheninsel, genannt – erreichen Sie bei Niedrigwasser zu Fuß, sonst per Boot (ab Porto Torcolo). Hier können Sie Sonnenliegen mieten, picknicken oder einen *aperitivo* in der Strandbar genießen. In der Hochsaison wird Eintritt verlangt.

BADEN

Zum Verlieben schön: *Spiaggia romantica* nennen Einheimische die herrliche Badebucht in Pieve Vecchia mit azurblauem Wasser, Sonnenliegen-, Schirm- und Tretbootverleih sowie sanitären Anlagen. Bars und Restaurants in der Nähe.

Via Pace 23, Ortsteil Pieve Vecchia, 25080 Manerba del Garda (BS).

ANSCHAUEN

Durch bewohnte Burgen schlendern: Die Festungen der Nachbargemeinden Padenghe sul Garda und Moniga del Garda sind bis heute bewohnt. In schmalen Gassen bummeln Sie an blumengeschmückten Natursteinhäusern mit Gärtchen, in denen Gemüse wächst und Wäsche flattert, vorbei. Ohne Öffnungszeiten oder Eintritt.

Ein entspannter Ausflug mit Traumpanorama für die ganze Familie
und ein schöner Kontrast zum Trubel am See.

Wie ein Wichtel fühle ich mich auf der Big Bench.

BIG BENCH 101

San Felice del Benaco

Familientipp →

Sitzen wie ein Riese

Sie ist überdimensional groß, leuchtend gelb – und damit ein Blickfang. Mit einer Höhe von 2 Metern überragt die Big Bench von San Felice del Benaco ihre Besucher. Auf einer Länge von 4 Metern könnte eine Familie problemlos picknicken.

Es fühlt sich merkwürdig an, auf der **PANCHINA GIGANTE**, der Riesenbank, Platz zu nehmen: Die Beine baumeln wie bei einem kleinen Kind in der Luft und anlehnen kann man sich nicht, weil die Rückenlehne viel zu weit weg ist. Die überdimensionale Bank in San Felice del Benaco (Ortsteil Cisano) wurde am 21. Juni 2020 eingeweiht, sie ist die **ERSTE BIG BENCH AM GARDASEE** und die 101. in Italien. Zahlreiche Besucher, die für Fotos und Selfies vor allem an Wochenenden auch mal Schlange stehen, strömen zu ihr hin. Die riesigen Bänke sind ein Hit in den sozialen Medien. Von Facebook bis Instagram gibt es Tausende Fotos von Touristen, die auf ihr sitzen oder sie über eine an ihr befestigten Leiter erklimmen.

Die **BIG BENCH 101** befindet sich in einem Wald, der den **PALAZZO COMINELLI** im historischen Ortskern Cisanos umgibt. Von einem Parkplatz führt ein Wiesenweg durch einen lichten Olivenhain, handgeschriebene Schilder weisen den Weg. Nach nur wenigen Gehminuten erreicht man den Wald, in dem die XXL-Bank thront. Durch das Laub der Bäume genießt man – hoch oben auf der Bank sitzend – einen schönen Blick auf den Golf von Salò und das gleichnamige Städtchen, auf Gardone Riviera und die Voralpen, die den nördlichen See umgeben.

Der amerikanische **DESIGNER UND WAHLITALIENER CHRIS BANGLE** hat dieses ungewöhnliche Kunstprojekt **BIG BENCH COMMUNITY PROJECT**, das den Tourismus kleinerer Orte fördern soll, gestartet und in ganz Italien rund 170 Big Benches aufgestellt. Sie sind nicht nur riesig, sondern auch verschiedenfarbig und werden nur dort in die Landschaft gesetzt, wo man eine schöne Aussicht hat. Die Bänke müssen öffentlich zugänglich sein, und zwar sieben Tage die Woche, rund um die Uhr, und sind nicht von

UNTERWEGS

MIT PLAN

BIG BENCH

Der Gratisparkplatz im Ortsteil Cisano befindet sich in der Via del Convento Ecke Via Santabona. Von hier sind es nur 5 Gehminuten zur Big Bench.

~

BIG BENCH COMMUNITY PROJECT

Bis heute (Stand 2022) wurden insgesamt 174 Bänke errichtet.

Pass und Stempel erhalten Sie im Hotel San Filis, Via Marconi 5, 25010 San Felice del Benaco (BS), T (+39 0365) 62 522, oder in der Cantina de la Mirleta, Via dei Lauri 1, 25010 San Felice del Benaco (BS), T (+39 0365) 42 536. www.bigbenchcommunityproject.org

~

TOURIST INFO

Piazza Municipio, 25010 San Felice del Benaco (BS), T (+39 0365) 62 541.

Weitem ausgeschildert. Denn sie sollen zufällig entdeckt werden und die Menschen ganz unerwartet in Staunen versetzen.

Die *panchisti*, **FANS DER BIG BENCHES**, lassen sich in einem *passaporto*, Pass, einen Stempel für jede besuchte Bank eintragen. Pass und Stempel sind meist in einem Hotel, Restaurant oder einer Bar in der Nähe erhältlich – so lange der Vorrat reicht.

Auf der Big Bench verweilend verändert sich der Blick auf die Welt.

Die Füße einfach baumeln lassen

Verträumt: Ortsteil Borgo di Cisano

Der Weg führt durch einen Olivenhain.

ANSCHAUEN

Die Kirche Madonna del Carmine: Die ehemalige Karmeliterkirche (15. Jahrhundert) liegt idyllisch etwas außerhalb von San Felice del Benaco zwischen Olivenbäumen und ist im Inneren reich mit wertvollen Fresken verziert. An die Kirche angeschlossen ist die Sala del Pellegrino, wo sich Einheimische nach der Messe zum *caffè* treffen, dahinter befindet sich ein Mini-Zoo.

Via del Carmine 11,
25010 San Felice del Benaco (BS).
http://santuariodelcarmine-sanfelice.it

ERLEBEN

Übersetzen zur Isola del Garda: Nur 600 Meter vor San Felice del Benaco liegt die einzig bewohnte und nach vorheriger Anmeldung zu besichtigenden Insel des Gardasees – ein schwimmendes Juwel (→ Seite 23). Boote zur Insel legen unter anderem im Hafen Porto di San Felice ab.

www.isoladelgarda.com

GENIESSEN

Cantina de la Mirleta: Die historische rustikale Osteria liegt im winzigen Ortskern des Dörfchens Cisano. Hier genießen Sie raffinierte Gerichte wie Risotto mit Limetten, Lachs und Pistazien, aber auch den „Fang des Tages" oder Gegrilltes.

Via die Lauri 1,
25010 San Felice del Benaco (BS),
T (+39 0365) 42 536.
www.lamirleta.it

Oben: Himmlisch, die glasierte Apfeltorte!
Unten: Hausgemachte „Zitronentropfen", eine Spezialität

PASTICCERIA VASSALLI

Salò

KULINARIK GENIESSEN

Feines von Vassalli naschen

Ein süßes Schlaraffenland tut sich auf, wenn Sie über die Schwelle der weit über Salò hinaus bekannten Pasticceria Vassalli schreiten. Hier wird noch so gebacken wie früher. Es ist ein kleiner Glücksmoment, die Törtchen, Küsschen und anderen süßen Verführungen zu probieren.

Die elegante **SIGNORA ELVIRA VASSALLI** sorgt Tag für Tag dafür, dass in der Pasticceria, die ihr Vater Andrea (in Italien ein männlicher Vorname) 1939 eröffnete, noch nach alten Familienrezepten und von Hand gebacken wird. Die **HISTORISCHE KONDITOREI** befindet sich mitten in der autofreien Altstadt Salòs, nur wenige Schritte vom See entfernt. Hier treffen sich Anwohner, Geschäftsleute und Touristen – den ganzen Tag über herrscht lebhaftes Treiben.

Im Inneren gleicht die Pasticceria dem Wohnzimmer einer italienischen *nonna*, Oma: blitzblanker, gefliester Boden, mit Tischtüchern eingedeckte Tische und Glasvitrinen, gefüllt mit Nippes. Rechts vom Eingang locken sie an der Kuchentheke: mürbe Zitronenbaisers, kunstvoll aufgeschichtete Beerentorten, **KANDIERTE ORANGEN UND ZITRONEN** – als Scheiben, Stifte oder mit Schokolade umhüllt –, die köstlichen Nusspralinen **BACETTI DI SALÒ**, Küsschen aus Salò, oder **RUGIADA DEL GARDA**, winzige, mit alkoholfreiem Likör gefüllte Bonbons. Schon der Anblick lässt einem das Wasser im Mund zusammenlaufen. Am unwiderstehlichsten sind die **PASTICCINI** (kleine Mignons). Wenn Sie diese zu einer Esseneinladung mitnehmen, machen Sie in Italien stets eine *bella figura*, gute Figur.

Auf der linken Seite stapeln sich **LIMONCINO VON DER RIVIERA DEI LIMONI**, **ANTICO LIQUORE DI CEDRO** – hausgemachter Likör aus Zitronatzitronen, der in Apotheken einst als Medizin verkauft wurde –, fruchtige Orangen- und Zitronenmarmeladen, Gocce (Tropfen) di Limone, Zitronenbonbons, oder die köstlichen **CAPRICCI DI D'ANNUNZIO**. Letztere sind Kekse aus Amarenakirschen, Mandeln, Pinien- und Pistazien-

UNTERWEGS

MIT PLAN

PASTICCERIA VASSALLI
Via San Carlo 84,
25087 Salò,
T (+39 0365) 20 752.
www.pasticceriavassalli.com

~

TOURIST INFO
Piazza S. Antonio 4,
25087 Salò,
T (+39 0365) 21 423.
www.visitgarda.com

kernen, die nach dem Schriftsteller, der im nahe gelegenen Gardone Riviera wohnte, benannt sind (→ Seite 167). Alle Köstlichkeiten sind, hübsch und nostalgisch verpackt, wie sie sind, **PERFEKTE MITBRINGSEL.**

In der Pasticceria Vassalli könnten Sie den ganzen Tag über einkehren: Machen Sie es wie die Italiener und rüsten Sie sich morgens mit *caffè* und süßer *brioche*, gefüllt mit Vanille- oder Pistaziencreme, Schokolade, Honig oder Marmelade, stehend (!) an der Theke für den Tag. Nachmittags können Sie hier Ihren Tortenheißhunger stillen. Am frühen Abend stimmen Sie sich bei einem *aperitivo*, begleitet von hausgemachten *stuzzicchini*, kleinen Häppchen, wie zum Beispiel pikant gefüllten Blätterteigteilchen, auf ein Abendessen in einem der einladenden Restaurants an der **SEEPROMENADE LUNGOLAGO ZANARDELLI** ein.

Vor der Pasticceria Vassalli sitzen Sie gemütlich an runden Tischchen im Freien. Die Farbe der Tischtücher entspricht dem Rosa des gegenüberliegenden Palazzo, den eine wunderschöne Jugendstilfassade ziert.

Verspielte Jugendstilfassade

Die Pasticceria ist der ideale Ort, um seinen Tag in Salò zu starten.

Salò schmückt sich mit einer der längsten Promenaden am See.

WEITERE T TIPPS

ANSCHAUEN

Das Museo di Salò erkunden: Das **MuSa** zeigt modern und ansprechend gestaltet die Geschichte der Stadt. Ein Saal ist Gasparo da Salò (1540–1609), dem berühmtesten Sohn Salòs, gewidmet. Im 16. Jahrhundert galten die Geigen, Bratschen und Celli aus seiner Werkstatt als die besten weit und breit.

Via Brunati 9, 25087 Salò, T (+39 0365) 20 553. www.museodisalo.it

~

Ein verstecktes Juwel entdecken: Werfen Sie einen Blick in die historische **Apotheke de Paoli** (1730) und bestaunen Sie die alten Apothekerschränke sowie die prachtvolle, mit Engeln verzierte Stuckdecke.

Farmacia de Paoli, Via San Carlo 7, 25087 Salò. www.farmaciadepaoli.com

ERLEBEN

Einen *aperitivo* an Bord genießen: Das „Taxi Boat Service Salò" bietet seit 1966 1- bis 6-stündige Bootstouren an, zum Beispiel Salò – Isola del Garda (→ Seite 23) – Garda – Gardone Riviera – Salò, mit *aperitivo* an Bord. Dauer: 3 Stunden.

Porto Serena, 25087 Salò, T (+39 340) 90 30 441. www.taxiboatsalo.it

GENIESSEN

Die **Casa del Dolce** ist eine der besten Gelaterien am See. Die vielen verlockenden Eissorten – ständig kommen neue dazu – werden täglich hausgemacht und sind frei von Zusatz- oder Konservierungsstoffen.

Piazza Duomo 1, 25087 Salò (BS). www.lacasadeldolce.eu

Geschüttelt: pur oder als Cocktail mit Alkohol serviert

CEDRATA SODA VON TASSONI

Salò

KULINARIK GENIESSEN

Einen Kult-Drink probieren

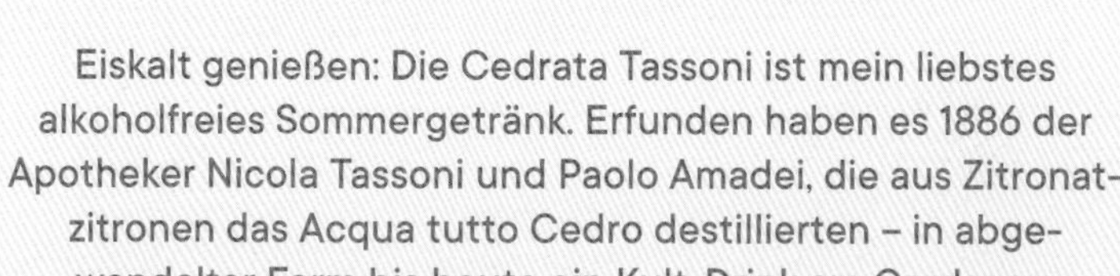

Eiskalt genießen: Die Cedrata Tassoni ist mein liebstes alkoholfreies Sommergetränk. Erfunden haben es 1886 der Apotheker Nicola Tassoni und Paolo Amadei, die aus Zitronatzitronen das Acqua tutto Cedro destillierten – in abgewandelter Form bis heute ein Kult-Drink am Gardasee.

Das zartgelbe **CEDRATA TASSONI SODA** wird in einem 180-ml-Vintage-Fläschchen aus aufgerautem Glas, das an die narbige Schale der *cedri*, Zitronatzitronen, erinnern soll, serviert und ist in fast jeder Bar und jedem Supermarkt rund um den Lago zu haben. Es passt hervorragend zu *stuzzicchini*, Knabbereien, die in Italien üblicherweise zum *aperitivo* gereicht werden: Oliven, Bruschette, Parmesansplitter, Mortadellawürfel, Focaccia, Chips oder Erdnüsse.

Die Geburtsstunde der süß-herben Limonade war 1921, als Carlo, der Sohn von Paolo Amadei, den Betrieb Tassoni übernahm, aus dem **ACQUA TUTTO CEDRO** den Sirup Cedrata Tassoni entwickelte und diesen mit dem Slogan *„è buona e fa bene“* („schmeckt und tut gut“) erfolgreich bewarb. Anfangs stammten die bis zu fußballgroßen und knubbeligen Zitronatzitronen von der Westküste des Gardasees, der sogenannten **RIVIERA DEI LIMONI**. Seit die Ernte nicht mehr ausreichte, kommen die Früchte mit der aromatischen Schale aus Kalabrien.

In den **1950ER-JAHREN** eroberte der Drink die italienischen Bars im Sturm: Carlo Amadei vermischte den dickflüssigen Sirup mit Wasser und Soda, füllte das neue Produkt, die **CEDRATA TASSONI SODA**, trinkfertig in stylishe Fläschchen und startete eine für die damalige Zeit **SPEKTAKULÄRE WERBEKAMPAGNE.** Er setzte dafür berühmte Stars wie etwa die legendäre **ITALIENISCHE SÄNGERIN MINA** ein, die sich bis heute in das kollektive Gedächtnis der Italiener eingebrannt hat. Einen unterhaltsamen zweiminütigen (!) Werbespot mit animierten Figuren aus dem Jahr 1958, in dem **BILL IL PISTOLERO**, Pistolen-Bill, in einer Wildwestbar alle Flaschen abknallt außer der

UNTERWEGS

MIT PLAN

TASSONI-BAR
Via S. Carlo 28, 25087 Salò (BS),
T (+39 0365) 22 686,
www.cedraltassoni.it

Etiketten im Vintage-Stil

Cedrata Tassoni, mit den Worten: *„Prima si beve, poi si rompe“* („Diese Flasche wird zuerst getrunken und dann erst zerstört“), können Sie auf YouTube sehen. (Geben Sie „Tassoni Soda: Bill il pistolero“ ein.)

In der kleinen Tassoni-Bar in der autofreien Flaniermeile in Salò können Sie alle Tassoni-Getränke wie zum Beispiel die Bio-Limonaden **TASSONI FIOR DI SAMBUCO** mit Holunderblüten, **PESCAMARA** mit Pfirsich und Bittermandelextrakt oder **MIRTO** mit dem Blütenaroma der Myrte genießen. Schicke Werbetafeln der 1950er- und 1960er-Jahre verleihen der Bar eine nostalgische Atmosphäre. Den abgeschnittenen knallgrünen Cinquecento im Schaufenster, gefüllt mit leuchtend gelben Tassoni-Fläschchen, können Sie kaum übersehen.

2021 kaufte die Gruppo Lunelli, besser bekannt als **FERRARI TRENTO**, die traditionsreiche Firma in Salò. Die Herstellung der Getränke obliegt nach wie vor dem Unternehmen Tassoni, während sich Ferrari um Verkauf, Marketing und Verwaltung kümmert.

An heißen Sommertagen ein herrlicher, alkoholfreier Start in den Abend. Zisch!

FRISCHEKICK FÜR HEISSE TAGE

Der Drink Apertass
(*Aper* = Aperitivo, *Tass* = Tassoni)

2,5 cl Campari
1 Orangenscheibe
1 Fläschchen Cedrata Tassoni
Eiswürfel

Ein Stielglas vollständig mit Eiswürfeln auffüllen, Campari ins Glas füllen, nach Belieben mit Cedrata aufgießen. Das Gemisch vorsichtig verrühren, mit der Orangenscheibe garnieren und sofort servieren. *Cin-Cin!*

EINKAUFEN

Terre del Garda: In der zauberhaften Parfümerie, nur wenige Schritte von der Tassoni-Bar entfernt, finden Sie neben anderen vom Gardasee inspirierten Parfüms den zitronigen Duft „Tassoni 225", auch verfeinert mit Pfeffer oder Feige erhältlich (→ Seite 123).

Via Napoleone 8, 25087 Salò (BS),
T (+39 0365) 52 07 13.
www.terredelgarda.net

Neu: Pescamara mit Pfirsich

Museo della Carta: (noch) ein Geheimtipp

GARDASEE SPONTAN

BEI SCHLECHTWETTER

Lassen Sie sich nicht die Laune verregnen, bei diesen 5 Vorschlägen kommen gleich Urlaubsgefühle auf.

1 MUSEO DELLA CARTA
Geschichte und Kunst der Papierherstellung sind in diesem entzückenden Museum im verwunschenen Tal der Papiermühlen anschaulich dargestellt – und auch für Kinder interessant. Auf Wunsch kann auch selber Papier geschöpft werden. In Toscolano Maderno am Nordufer (→ S. 175).

2 TIERISCH
Reptilienland in Riva mit lebenden Spinnen und Schlangen, Käfer- und Schmetterlingssammlung aus aller Welt, Nordufer, *www.reptiland.it*, oder Gardaland SeaLife Aquarium mit Ozeantunnel, Haien und Delfinen, Castelnuovo del Garda, *www.gardaland.it* (→ S. 113).

3 BUMMELN IN SALÒ
Eines meiner Lieblingsstädtchen am Westufer mit langer Seepromenade, prächtigen Palazzi, einladenden Restaurants und Cafés, schicken Boutiquen und sehenswertem Stadtmuseum MuSa (→ S. 159). *www.visitgarda.com*

4 ENTSPANNEN IN DER THERME
Kuscheliger Bademantel statt Regenjacke, Bahnen ziehen in warmem Thermalwasser, saunieren, dampfbaden, relaxen. Zum Beispiel im Parco Termale del Garda in Colà di Lazise, Ostufer (→ S. 109).

5 STÄDTETRIPS
Bummeln, gut essen, shoppen und jede Menge Kunst und Kultur genießen, zum Beispiel in Verona, Bergamo, Brescia, Rovereto oder Mantua – nur 30–80 Kilometer vom Lago entfernt (→ S. 130).

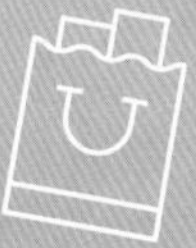

Oben: Die Villa Prioria werden Sie nie vergessen!
Unten: Kunstschätze drängeln sich hier dicht an dicht.

IL VITTORIALE DEGLI ITALIANI

Gardone Riviera

KULTUR GESCHICHTE

Familientipp →

Zu Gast bei einem exzentrischen Dichter

Gabriele d'Annunzio, einer der umstrittensten Dichter Italiens, baute sich in einem Park hoch über dem See ein bombastisches Denkmal: Vittoriale degli Italiani, Siegesdenkmal der Italiener, nannte er sein Anwesen mit Villa, Freilichttheater, Flugzeug, Schlachtschiff und Mausoleum.

Es gibt am Gardasee noch Ecken, die sich in den vergangenen Jahrzehnten kaum verändert haben. **GARDONE RIVIERA**, ein von Belle-Époque-Villen, mondänen Grandhotels, bleistiftspitzen Zypressen und einladenden Cafés an der Seepromenade geprägtes Juwel, gehört dazu. In Gardone di Sopra, dem höher gelegenen alten Ortskern, thront zudem eine der größten Attraktionen am Westufer des Lago: das Vittoriale degli Italiani, erschaffen von **GABRIELE D'ANNUNZIO** (1863–1938). Der Dichter und Kriegsheld, der außerhalb Italiens nur wenig bekannt ist, war berüchtigt für seine Sympathie zum Faschismus sowie für seine zahlreichen stürmischen Liebesaffären, etwa mit der legendären Schauspielerin Eleonora Duse. Rund 300.000 Besucher strömen jährlich in den Museumskomplex, darunter zahlreiche Schulklassen, denn d'Annunzios Werke sind Pflichtlektüre in italienischen Schulen. Kein Geheimtipp also, aber definitiv einen Besuch wert.

In der **VILLA CARGNACCO**, die d'Annunzio „Prioria" nannte und in der er von 1921 bis zu seinem Tod residierte, erwartet uns als Besucher eine wahre Reizüberflutung. Bereits im düsteren Vestibül erahnt man den skurrilen Charakter des ehemaligen Bewohners. So ließ der Hausherr gleich zwei von einer franziskanischen Steinsäule getrennte Vorzimmer einrichten. Nach links ging es für erwünschte, nach rechts für unwillkommene Gäste wie etwa Gläubiger, die im „Zimmer des Maskenträgers" in einem Spiegel ihre Absichten überprüfen sollten und auf den Gastgeber zu warten hatten. Auch Benito Mussolini soll hier im Mai 1925 stundenlang geschmort haben. Verwirrend, dekadent und exotisch ist hier

MIT PLAN

GARDONE RIVIERA

Das Städtchen ist eines der exklusivsten am Gardasee, liegt an der sogenannten Zitronenriviera und zählt zu den Borghi più belli d'Italia (die schönsten Dörfer Italiens).

www.borghipiubelliditalia.it

~

INFOPOINT

Corso Repubblica 1, 25083 Gardone Riviera (BS).

~

IL VITTORIALE DEGLI ITALIANI

Besuch der Villa nur im Rahmen einer ca. 30-minütigen Führung möglich (max. 10 Personen), rechnen Sie mit Wartezeiten. Öffnungszeiten und Tickets siehe Website.

Via del Vittoriale 12, 25083 Gardone Riviera (BS), T (+ 39 0365) 29 65 11. www.vittoriale.it

~

Im Freilichttheater findet von Juni bis August das **Tener-a-mente-Festival** (Konzerte, Ballett- und Theateraufführungen) statt.

www.anfiteatrodelvittoriale.it

eigentlich alles: Beim Rundgang durch Räume wie Musikzimmer, Zimmer des Aussätzigen, Schreibzimmer des Verstümmelten, Reliquien- oder Speisezimmer werden wir fast erschlagen von Kunstwerken, Nippes und Kitsch, die dem leidenschaftlichen Sammler so viel bedeuteten.

Alle Räume (außer der Küche, die er nie betrat) sind mit schweren Gardinen verhängt – d'Annunzio ertrug wegen einer Kriegsverletzung nur schummriges Licht – und bis in den letzten Winkel vollgestopft mit Büchern, Musikinstrumenten, lebensgroßen Pferdeköpfen, abgedunkelten Lampen in allen Farben und Formen, Porträts, Leopardenfellen. Skurrilitäten wie ein Beichtstuhl, eine Telefonkabine, chinesische Vasen oder das zerbrochene Lenkrad jenes Bootes, mit dem Sir Henry Segrave 1930 tödlich verunglückte, als er den Geschwindigkeitsrekord für Motorboote zu überbieten versuchte, sind ebenfalls zu finden. Allein im „blauen Bad" drängeln sich über 700 Gegenstände: arabische Dolche, Vasen, silberne Schalen, Cremedöschen, Teller, Spiegel, Fläschchen und Bürsten.

Im benachbarten **AUDITORIUM** schwebt der Doppeldecker S.V.A., mit dem d'Annunzio im Ersten Weltkrieg in einer waghalsigen Aktion Flugblätter über Wien abwarf. Ein Streifzug durch den 9 Hektar großen **ZYPRESSENPARK** mit majestätischem Blick auf den See führt uns treppauf und treppab vorbei an Zitronenhain, Rosengarten, verrücktem Wassertal, leeren Bombenhüllen, Kanonen und Schwanensee zum beeindruckenden **AMPHITHEATER** und dem ruhmreichen **SCHLACHTSCHIFF „PUGLIA"**, das mit dem Bug mitten im Hügel steckt und begehbar ist.

Auf dem höchsten Punkt des Anwesens, dem „**HELDENHÜGEL**", ist der am 1. März 1938 an einer Gehirnblutung verstorbene d'Annunzio in einem imperialen Mausoleum aus weißem Marmor – bewacht von riesigen steinernen Hunden – beigesetzt. D'Annunzio vermachte das Vittoriale bereits zu Lebzeiten dem italienischen Staat. Es zählt heute zu den meistbesuchten Museen Italiens.

Gabriele d'Annunzios Anwesen ist an Verrücktheiten nicht zu überbieten – die außergewöhnlichste Sehenswürdigkeit am See.

ANSCHAUEN

Im **Museo Il Divino Infante** die weltweit größte Sammlung von Jesus-Skulpturen besichtigen: Hiky Mayr, Kunstsammlerin deutscher Herkunft und Besitzerin des Grand Hotel Fasano, eröffnete 2005 ein entzückendes Museum rund um das Jesuskind mit über 250 göttlichen Kindlein (nackt, gewickelt oder prächtig gekleidet) aus fünf Jahrhunderten, die sie in aufwendiger Handarbeit teils selbst restauriert hat. Highlight: eine 25 Quadratmeter große neapolitanische Krippe mit 130 Figuren.

Via dei Colli 34, 25083 Gardone Riviera,
T (+39 0365) 29 31 05.
www.il-bambino-gesu.com

GENIESSEN

Göttlich schlemmen im **Ristorante Bali:** In wunderbarer Lage an der Seepromenade. Chef Andrea Maffei und Ehefrau Monia Tomaselli bringen raffinierte regionale Gerichte, aber auch Meeresgetier auf den Tisch, dazu gibt's Weine kleiner regionaler Produzenten.

Via Lungolago d'Annunzio 44,
25083 Gardone Riviera,
T (+39 0365) 20 705.
www.ristorantebali.it

SCHLAFEN

Schlummern wie die Engel im **Hotel Agli Angeli:** Die Schwestern Patrizia und Elisabetta Pellegrini führen dieses zauberhafte Hotel mit Trattoria im alten Ortskern Gardone di Sopra: 12 romantische Zimmer, 2 Suiten, Pool, blumenumrankter Innenhof. Mein Lieblingszimmer: Nr. 29 mit kleinem Balkon.

Via Dell'Albera 5,
25083 Gardone Riviera (BS),
T (+39 0365) 20 832.
https://agliangeli.biz

Ein Garten voller kleiner Wunder

ANDRÉ HELLERS BOTANISCHER GARTEN

Gardone Riviera

AKTIVITÄT – NATUR

Familientipp →

Lustwandeln in einem Paradies

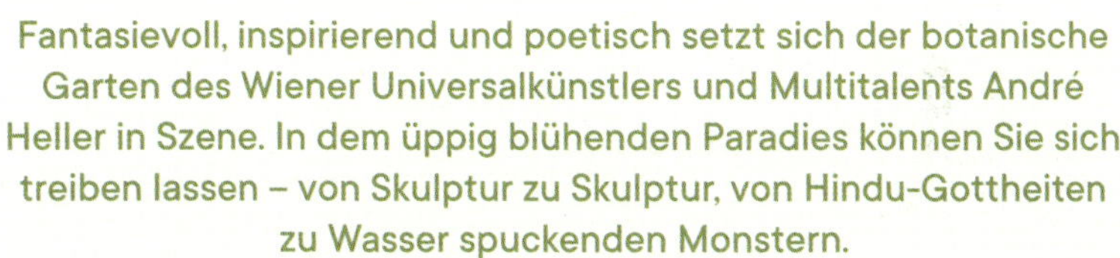

Fantasievoll, inspirierend und poetisch setzt sich der botanische Garten des Wiener Universalkünstlers und Multitalents André Heller in Szene. In dem üppig blühenden Paradies können Sie sich treiben lassen – von Skulptur zu Skulptur, von Hindu-Gottheiten zu Wasser spuckenden Monstern.

In schöner Hanglage, oberhalb von Gardone Rivieras eleganter Seepromenade, versteckt sich der wohl **AUSSERGEWÖHNLICHSTE GARTEN AM LAGO**, für den ein Österreicher, der Zahnarzt Arthur Hruska, Anfang des letzten Jahrhunderts den Samen pflanzte. Der Hobbybotaniker legte rund um seine Villa einen 10.000 Quadratmeter großen botanischen Garten an. Als er verstarb, kaufte **ANDRÉ HELLER** das Anwesen (1988) und bereicherte den Garten mit Tausenden weiteren exotischen Gewächsen aus aller Welt. Heute gedeihen hier Chinesische Hanfpalmen und Granatapfelbäume nur wenige Meter entfernt von Edelweiß und Alpenveilchen.

Eigentlich könnten Sie das **KLEINE PARADIES** in etwa 20 Minuten durchqueren. Doch **DER WEG IST HIER DAS ZIEL**: Überall wuchert, blüht und duftet es. Jeder Schritt auf den verschlungenen, mit bunten Steinchen verzierten Pfaden offenbart Unerwartetes: Da plätschert ein kleiner Teich, dicht bedeckt mit Lotusblüten, auf dem eine anmutige **BUDDHASTATUE IN MEDITATIONSHALTUNG** treibt. An anderer Stelle wähnt man sich in einem tropischen Regenwald: Nichts als Bambusstämme, dicht an dicht, umsprüht von feinem Nebel. Hüfthohe Farne wuchern neben Bananenstauden, Blumen, die wir nie gesehen haben, blühen um die Wette, und immer wieder öffnet sich ein herrlicher Blick auf den Gardasee.

Und als würde all diese Pracht nicht reichen, streute André Heller **ZEITGENÖSSISCHE SKULPTUREN** befreundeter Künstler wie Keith Haring, Roy Lichtenstein, Susanne Schmögner oder Rudolf Hirt zwischen das üppige Grün. Etwa die **HINDU-GOTTHEIT GANESHA** mit Elefantenkopf, eine Skulptur

MIT PLAN

GIARDINO BOTANICO
Öffnungszeiten: März bis November. Tipp: Von hier führt ein fünfminütiger Fußweg hinauf zum Vittoriale degli Italiani (→ Seite 167).

Via Roma 2, 25083 Gardone Riviera (BS), T (+39 336) 41 08 77. www.hellergarden.com

von Rudolf Hirt, oder den **GENIUS LOCI**, eine vollständig von Efeu umrankte Büste mit weit ausgebreiteten Armen – der gute Geist des Gartens. Auf der **BRÜCKE DER UNGEHEUER** begegnen Sie zwei auf Pfählen aufgespießten monströsen Köpfen, die sich in unregelmäßigen Abständen gegenseitig Wasser ins Gesicht speien und dabei gelegentlich auch vorbeikommende Besucher treffen. Die Köpfe sollen die Intoleranz des modernen Menschen versinnbildlichen.

Der Genius Loci, ein Werk von André Heller

Neben dem Weg befindet sich eine Reihe von **AUFGEHÄNGTEN BAMBUSROHREN:** Wenn man sie berührt, wehen ähnliche Klänge wie bei einem Xylophon durch den Zaubergarten.

André Heller ist hier jedoch nur noch selten anzutreffen. Er hat seine Villa vor einigen Jahren verkauft, um in Marrakesch seinen ebenfalls paradiesischen „Anima-Garten" zu erschaffen.

Schauen, staunen und abkühlen: eine fantastische Oase zum Durchatmen an heißen Sommertagen.

GENIESSEN

Fine-Dining im Villa Eden Luxury Resort: Das spektakuläre Luxusresort, entworfen von den internationalen Stararchitekten Richard Meier, David Chipperfield, Matteo Thun und ATP Sphere, thront hoch über dem See. Im Restaurant La Terrazza – auch für Nicht-Hotelgäste buchbar – zaubert Haubenkoch Peter Oberrauch aus regionalen Produkten leichte, kreative Gerichte.

Via Ronciglio 51/A,
25083 Gardone Riviera,
T (+39 0365) 52 00 27.
www.villa-eden-gardone.com

~

Die Osteria Antico Brolo: Wenige Schritte vom botanischen Garten entfernt verwöhnen Enrico und Marcello Gäste mit feinen Gerichten wie Forelle in Zitrone mariniert und Kapern aus Gargnano oder feine Bandnudeln mit Zucchini und Trüffel. Gemütlich: der kleine Innenhof mit nur wenigen Tischen.

Via Carere 10,
25083 Gardone Riviera,
T (+39 0365) 21 421.
www.ristoranteanticobrolo.it

ERLEBEN

An der Seepromenade promenieren: Im mondänen Gardone Riviera ist fast alles noch so wie vor über hundert Jahren, als hier der Tourismus begann und der Ort als Winterkurort (!) Betuchte aus aller Welt anlockte. Die schöne autofreie Promenade endet beim leuchtend gelben **Grandhotel Gardone Riviera** mit seinem charakteristischen Turm, 1884 als erstes Hotel am See erbaut. Hier logierten unter anderem Winston Churchill, William Somerset Maugham oder Vladimir Nabokov („Lolita").

www.grandhotelgardone.it

Das liebevoll eingerichtete Papiermuseum

DAS TAL DER PAPIERMÜHLEN

Toscolano Maderno

Familientipp

Die Kunst des Papierschöpfens erleben

In einem schmalen Tal am Westufer des Sees wurde jahrhundertelang kostbares Büttenpapier gefertigt. Heute führt ein schöner Wanderweg zu einem lebendigen Papiermuseum – zurück in eine Zeit, als Papier kostbar und längst nicht für jeden erschwinglich war.

Bis auf das friedliche Plätschern des **MÜHLBACHES TOSCOLANO** ist es still im Valle delle Cartiere, dem Tal der Papiermühlen. Idyllisch mitten im Wald steht die **CARTIERA DI MAINA INFERIORE**, über die ein 33 Meter hoher Schornstein wacht. Sie schloss 1962 als letzte von einst vierzig Papiermühlen im Tal ihre Tore. Im Inneren befindet sich heute das **MUSEO DELLA CARTA.**

Es erzählt anschaulich von den Anfängen der Papierherstellung im 14. Jahrhundert, als Lumpensammler ausgediente Baumwoll- oder Leinenstoffe in das Tal karrten: verschimmelte Fetzen, vor Dreck starrende Lappen und selbst blutige Verbände. Denn im Gegensatz zu heute wurde Papier nicht aus Holz, sondern aus Hadern und Lumpen erzeugt. Diese wurden von Frauen und Kindern sortiert, von Knöpfen oder Schnallen befreit und in kleine *stracci*, Fetzen, zerrissen. Anschließend wurden diese in wassergefüllten Steinwannen so lange eingeweicht, bis sie zu faulen begannen. Danach wurden die Lumpen mit schweren Stampfhämmern weich und mürbe geklopft, ein Wasserrad trieb die Mechanik an. Nach der Zerfaserung verdünnte der **PAPIERMEISTER** persönlich – meist der Eigentümer oder Pächter der Mühle – den fauligen *pisto*, Brei, und schöpfte daraus mit einer Bütte, einem Sieb, die kostbaren Papierbögen. Die noch tropfenden Blätter wurden lageweise auf dicken Filzbahnen aufeinandergestapelt, in einer Gautschpresse entwässert und immer noch feucht im zugigen Dachgeschoß

UNTERWEGS

MIT PLAN

MUSEO DELLA CARTA

Für eine geführte Tour in deutscher Sprache ist eine Anmeldung ratsam. Es gibt einen kleinen Museumsshop und eine Bar mit Tischen am Flussufer. Zu erreichen ist das Museum zu Fuß von Toscolano (etwa 1,5 Kilometer) oder mit dem Auto (Parkplatz vorhanden).

Via Valle delle Cartiere 57/59, 25088 Toscolano Maderno (BS), T (+39 0365) 64 10 50. www.valledellecartiere.it.

~

TOSCOLANO MADERNO

Die beiden Orte schlossen sich 1928 zu einer Gemeinde zusammen. Mit seiner langen, von Schirmpinien gesäumten Seepromenade und dem Sandstrand Lido Azzuro ist Maderno der hübschere der beiden Orte.

~

INFOPOINT

Viale Ugo Foscolo 3, 25088 Toscolano Maderno, T (+39 0365) 37 48 741.

Die alte Kunst der Papierherstellung bleibt auch Kindern im Gedächtnis.

wie Wäsche an der Leine zum Trocknen aufgehängt. Schreibpapier musste mit Tierleim – gekochten Gerbresten – imprägniert werden, da sonst die Tinte in den Fasern verlaufen wäre. Zum Schluss wurde das wellige Papier per Hand geglättet.

Das **PAPIER AUS TOSCOLANO** hatte einen exzellenten Ruf, so soll auch die lateinische Bibel Martin Luthers auf Papier aus diesem Tal gedruckt worden sein. Im Rahmen einer Führung können Besucher selbst einen Bogen Papier schöpfen und als Souvenir mit nach Hause nehmen.

Wer will, wandert nach dem Museumsbesuch tiefer in das Tal, vorbei an überwucherten Ruinen einstiger Fabriken, von deren Vergangenheit Informationstafeln (auch in deutscher Sprache) erzählen. Nach etwa 1,5 Stunden erreicht man das Bergdorf **GAINO** (274 Meter), wo Esel zwischen Olivenbäumen grasen. Hier starten weitere Wanderwege, etwa auf den Monte Castello (870 Meter) oder den höchsten Berg der Umgebung, den Monte Pizzocolo (1.581 Meter).

Papierbögen trocknen wie Wäsche an der Leine.

Das kleine, feine Museum liegt mitten im Wald.

WEITERE TIPPS

ERLEBEN

Papier selbst schöpfen in der Antica Cartiera del Garda: Papiermeister Marco Castellini hält in seiner Werkstatt einstündige Kurse ab und lehrt, wie Papier nach alter Handwerkskunst geschöpft wird (Sprachen: Italienisch, Englisch).

Via Roma 3,
25088 Toscolano Maderno (BS),
Anmeldung unter:
T (+ 39 0365) 64 18 82.

~

Zum anderen Ufer: Von Maderno legt eine Autofähre nach Torri del Benaco, einem malerischen Dorf an der Ostseite, ab.

www.navigazionelaghi.it

BADEN

Lido degli Ulivi: Der schöne und ruhige Kiesstrand mit Sonnenliegen-, Schirm-, Tretboot- und Surfverleih, Beach-Bar und Restaurant ist über die Uferpromenade erreichbar.

Viale Marconi 45,
25088 Toscolano Maderno (BS).

ANSCHAUEN

Chiesa di Sant'Andrea: Die romanische Kirche am Ortseingang von Maderno zählt zu den schönsten und ältesten am See (12. Jahrhundert).

Piazza San Marco 16,
Ortsteil Maderno (BS).

In den Prunkräumen residiert die Grafenfamilie Bettoni.

VILLA BETTONI

Bogliaco di Gargnano

KULTUR GESCHICHTE

Eine Villa wie aus dem Bilderbuch bestaunen

Für die Villa Bettoni galt jahrelang: Betreten verboten! Jetzt nicht mehr: Nachkommen der gleichnamigen Grafenfamilie haben die Pforten geöffnet. Alles, vom Standort direkt am See mit Blick auf den Monte Baldo bis hin zum Barockgarten, ist atemberaubend schön.

Was für ein Platz: Als in den 1930er-Jahren die **GARDESANA OCCIDENTALE**, die westliche Uferstraße zwischen dem See und den hoch aufragenden Bergwänden, geplant wurde, nahm man wenig Rücksicht auf die zartgelbe **VILLA BETTONI** und baute die Straße kurzerhand quer durch den prächtigen Barockgarten des Anwesens. Dass die pompöse, mit Skulpturen geschmückte Freitreppe – Herzstück des Parks – heute von der stark befahrenen Gardesana aus bestaunt werden kann, hätte Gartenarchitekt Amerigo Vincenzo Pierallini, der den Garten Mitte des 18. Jahrhunderts entworfen hatte, sich wohl in seinen kühnsten Träumen nicht ausgemalt.

Noch heute ist die Villa Bettoni im Besitz der gleichnamigen Grafenfamilie, die das Anwesen auch bewohnt, Besuchern (meist) persönlich Einblick gewährt und von den großen Zeiten erzählt, als hier berühmte Gäste wie **GIACOMO PUCCINI, VICTOR HUGO, GIUSEPPE GARIBALDI ODER NAPOLEON BONAPARTE** ein- und ausgingen. 16 Bettoni-Brüder waren es, alle Nachfahren von Conte Gian Domenico Bettoni (1663–1748), die Mitte des 18. Jahrhunderts dem Architekten Adriano Cristofoli aus Verona und später dem aus Brescia stammenden Antonio Marchetti den Auftrag erteilten, das ursprüngliche Gebäude aus dem 16. Jahrhundert in einen prunkvollen Palazzo umzubauen. Das dazu nötige Vermögen erwirtschaftete die *famiglia* vor allem mit dem Handel von in Bogliaco kultivierten *limoni*, **ZITRONEN**, die sie bis an den russischen Zarenhof exportierte.

VILLA BETTONI

Nur im Rahmen einer Führung (auch in Deutsch) zu besichtigen. Im Sommer Konzerte unter freiem Himmel.

Via della Libertà 77, 25084 Bogliaco di Gargnano (BS). Buchung & Reservierung: Mobiltelefon (+39 345) 05 33 653 oder (+39 349) 77 02 810. www.villabettoni.it

~

BOGLIACO

Das ehemalige Fischerdorf mit schönem Jachthafen gehört zu Gargnano und ist seit 1951 Hauptort der Centomiglia, der berühmtesten Segelregatta am Gardasee, die jährlich Anfang September ausgetragen wird.

www.centomiglia.it

Die eher schlichte Straßenfassade der Villa Bettoni täuscht, denn ihre wahre Grandezza kommt erst von der **SEESEITE** zur Geltung. Imposant überragt der Mitteltrakt die beiden Seitenflügel, er wird bekrönt von Statuen, die die Besucher fest im Blick zu behalten scheinen. Wie die Wohlhabenden aller Epochen waren die Bettoni eifrige Sammler und Kunstliebhaber: Elegantes Mobiliar und wertvolle Gemälde von Francesco Campo zieren einen lichtdurchfluteten Speisesaal.

Das Highlight aber ist die **TERRASSE** im Obergeschoß, zu der eine prächtige Marmortreppe, geschmückt mit Statuen von Giovanni Battista Locatelli, führt. Der Blick auf den symmetrisch angelegten Garten, der das Bauwerk auf der Seeseite umgibt, und auf die tiefblau schimmernde Weite des Lago di Garda bis hin zum Monte Baldo, der sich am gegenüberliegenden Ufer erhebt, ist spektakulär. Hier, weit weg vom Trubel, sollten wir einfach die filmreife Kulisse genießen – näher am See geht nicht!

Die Villa Bettoni ist eine Perle am Gardasee. Von der Terrasse öffnet sich ein sagenhafter Blick auf den Lago, der hier so groß und ausladend aussieht wie das Meer.

Nicht einsehbar von der Straße: Fassade und Garten

WEITERE TIPPS

GENIESSEN

Entspannen bei einem *caffè* in Villa: Der blumengeschmückte Ortsteil Villa gehört ebenfalls zu Gargnano, etwa 10 Gehminuten von der Villa Bettoni entfernt. Ein Abstecher lohnt sich, denn einen derart verträumten, von Orangenbäumchen gesäumten Miniaturhafen findet man am Gardasee nur selten.

Von der Bar **Al Porto di Villa** direkt am Wasser genießt man einen Traumblick auf den Monte Baldo am gegenüberliegenden Ufer.

Piazza Villa 1/2,
25084 Villa di Gargnano (BS),
T (+39 335) 571 9851.

ERLEBEN

Auf den Spuren von D. H. Lawrence wandeln: Der englische Schriftsteller residierte 1912/13 sieben Monate lang mit seiner Geliebten Frieda von Richthofen in Villa in der Villa Igea, eine Gedenktafel in der Via Colletta 44 erinnert daran.

Es gibt einen schönen „Spaziergang auf den Spuren von D. H. Lawrence", der im Hafen von Gargnano beginnt und bei der Limonaia La Malora endet (→ S. 183).

www.thisisgargnano.it

EINKAUFEN

Oleificio Gargnano: Feinstes Olio extra Vergine aus handgepflückten Oliven (auch mit *limoni* oder *peperoncini* aromatisiert), fruchtigen Limoncino sowie Weine aus der Region gibt's in der kleinen Ölmühle der Familie Tavernini direkt neben dem Park der Villa Bettoni.

Via della Libertà 92,
25084 Gargnano (BS),
T (+39 0365) 72 315.
www.oleificiogargnano.it

Einer der schönsten Zitronengärten am See

LIMONAIA LA MALORA

Gargnano

Mit Signor Gandossi durch den Zitronengarten spazieren

KULINARIK GENIESSEN

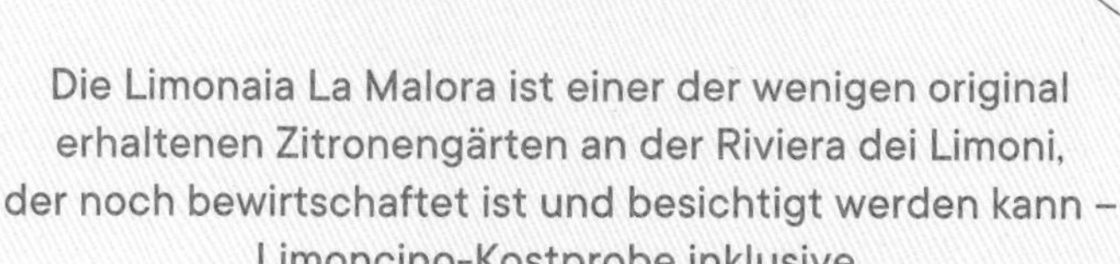

Die Limonaia La Malora ist einer der wenigen original erhaltenen Zitronengärten an der Riviera dei Limoni, der noch bewirtschaftet ist und besichtigt werden kann – Limoncino-Kostprobe inklusive.

Im beschaulichen Gargnano erfüllte sich Giuseppe Gandossi einen Traum und verwandelte die verwahrloste **LIMONAIA LA MALORA** aus dem 16. Jahrhundert mit viel Hingabe in ein duftendes Paradies. Nur noch sechs der jahrhundertealten Bäume waren am Leben, als Gandossi das Anwesen 1978 erwarb. Heute hegt und pflegt er gemeinsam mit Sohn Fabio etwa dreißig von ihnen, jeder ein kleines Kraftwerk, das dreimal pro Jahr blüht und dabei gleichzeitig Früchte – vor allem Zitronen, Mandarinen und *cedri*, Zitronatzitronen, die gern einmal so groß wie Handbälle werden – trägt. Mit Werkzeugen, die einen Platz im Museum verdient hätten, bewirtschaften Vater und Sohn die Limonaia nach jahrhundertealter Tradition. Selbst die **BEWÄSSERUNG** – ein ausgeklügeltes System aus kleinen Sandsäcken und Steinkanälen, gespeist vom namensgebenden Bach Malora – reicht in die Antike zurück.

Während wir die drei durch steile Steintreppen verbundenen **CÒLE**, Terrassen, erklimmen, vorbei an Steinmauern, in deren Ritzen wilde Kapernbüsche wuchern, erzählt Fabio Gandossi von der einst großen Zeit des Zitronenanbaus am Westufer des Gardasees, der sogenannten **ZITRONENRIVIERA.** Es waren Mönche des nahe gelegenen Klosters San Francesco am Ortseingang von Gargnano, die im 13. Jahrhundert die ersten Zitronen von der ligurischen Riviera an den Gardasee brachten und Plantagen angelegten. Der Beginn einer langen Erfolgsgeschichte: Bis Ende des

UNTERWEGS

MIT PLAN

LIMONAIA LA MALORA

Die Limonaia kann selbstständig (Broschüre auf Deutsch am Eingang erhältlich) oder im Rahmen einer Führung (Sprache: Italienisch, Englisch – Anmeldung nötig) besucht werden.

Via Libertá 2, 25084 Gargnano (BS), T (+39 339) 36 99 401. www.limonaialamalora.it

~

GARGNANO

Ein entspannter Ort am See mit prächtigen Villen, schmaler Uferpromenade und pittoreskem Hafen. Hier ist es nie so voll wie etwa im nahe gelegenen Ort Limone. Idealer Ausgangspunkt für Wanderungen im Nationalpark Alto Garda Bresciano.

Info: Associazione Turistica Gargnano, Via Roma 45, 25084 Gargnano, T (+39 0365) 04 21 00. www.thisisgargnano.it

18. Jahrhunderts sorgten etwa 450 *limonaie* am Westufer des Sees für Wohlstand. Zu Hunderttausenden wurden die begehrten *agrumi*, Zitrusfrüchte, vor allem nach Österreich, Deutschland, Ungarn, Polen und bis nach Russland **EXPORTIERT.** Erst der Jahrhundertfrost von 1928, dem viele Bäume zum Opfer fielen, sowie die Konkurrenz billigerer Früchte aus südlichen Regionen brachten den Zitronenanbau zum Erliegen.

Im November, bevor die ersten Nachtfröste drohen, deckt Fabio Gandossi ein Gerüst aus Steinpfeilern, das zwischen den 8 Meter hohen Bäumen in die Höhe ragt und als eine Art Dachstuhl dient, mit Holzlatten ab und verschließt die dem See zugewandte Seite mit alten Fensterläden. Eine beschwerliche Arbeit, die heute nur noch wenige beherrschen. „A Santa Caterina, stüpina, stüpina!“, sagt ein einheimisches Sprichwort und meint damit, dass dieses

Fabio Gandossis Limonaia ist eine kleine Oase des Glücks – hier scheint die Zeit stehen geblieben zu sein.

EINZIMMERN DER BÄUME bis zum 25. November, dem Tag der heiligen Katharina, abgeschlossen sein muss. Fallen die Temperaturen dennoch unter 0 Grad, entfacht Fabio kleine Feuer entlang der Baumreihen, die das Innere der Limonaia erwärmen. Mit den ersten Sonnenstrahlen im März wird das Treibhaus wieder abgedeckt, Holzlatten und Nägel peinlich genau nummeriert und in einem turmförmigen *casello*, Abstelllager, das in jeder Limonaia zu finden ist, gestapelt.

Rund 20.000 Zitronen pro Jahr knipsen Giuseppe und Fabio Gandossi per Hand von den Bäumen. Saft und Fruchtfleisch verarbeiten sie zu herber Zitronenmarmelade, die aromatischen Schalen zu süßem **LIMONCINO**, wie Limoncello am Gardasee meist genannt wird. Den knallgelben Likör verkosten wir vor Ort, in schöne Flaschen abgefüllt ist er ein perfektes Mitbringsel aus dem Land, in dem die Zitronen blüh'n.

Liköre: Mandarino, Limoncino

ERLEBEN

Zu Fuß auf den Spuren der Zitronen: Der schöne Spaziergang Percorso Limonaie di Gargnano (ca. 6 Kilometer, gelb markiert, leicht) beginnt bei der Limonaia La Malora und führt vorbei an zahlreichen ehemaligen *limonaie*. Sehenswert ist die Chiesa San Francesco mit Kreuzgang (die Tür steht meist offen), dessen Kapitelle mit steinernen Zitronen, Orangen und Zitronatzitronen verziert sind, sowie die Chiesetta San Giacomo (12. Jahrhundert), eine der ältesten Kirchen am See.

www.thisisgargnano.it

~

Die Zitronen feiern: Alljährlich im April huldigen die *gargnanesi*, die Einheimischen, der Zitrone mit dem Fest Giardini d'agrumi. Es gibt Spezialitäten rund um die Zitronen zu probieren und kaufen.

Wer sich nicht traut zu springen, wird abgeseilt.

CANYONING

Tremosine

AKTIVITÄT

NATUR

Einen Wildbach talwärts rutschen

Von hohen Felsen springen, auf dem Hosenboden steile Rinnen hinunterrutschen, durch frostiges Wasser tauchen – stets dem natürlichen Lauf eines Wildbaches folgend: Adrenalin pur! Canyoning ist an heißen Sommertagen ein Riesenspaß für große und kleine Abenteurer.

Denkt man an Sport am Gardasee, hat man als erstes Surfen, Kite-Surfen, Segeln, Klettern oder Mountainbiken im Sinn. Doch es geht auch um einiges abenteuerlicher: Einer natürlichen Schlucht, in der ein Wildbach schäumt, bergab folgen – dafür ist Thomas Engels, **LIZENZIERTER CANYONING-GUIDE UND BETREIBER DER OUTDOORSCHULE SKYCLIMBER**, der Richtige. Der gebürtige Deutsche aus dem bayrischen Inzell hat sich den Traum vom Arbeiten in und mit der Natur rund um den Gardasee erfüllt und lebt seit fast 20 Jahren mit seiner Familie in Tremosine, auf einer Hochebene im bergigen Nordwesten des Lago. Der urwaldartige Wald im **NATURSCHUTZPARK ALTO GARDA BRESCIANO** ist sein Reich, er kennt einfache Schluchten für Anfänger und Kinder sowie anspruchsvolle für Könner. **NIE ALLEINE!**, lautet die Grundregel: Auch geübte Berg- und Wassersportler sollten nur mit staatlich geprüften Guides in einen Canyon einsteigen, denn sie kennen sich mit dem Wetter, der Strömung und den jeweiligen Wassertiefen aus.

Wir haben die zweieinhalbstündige Tour „Gumpenfieber" für **SPORTLICHE EINSTEIGER** auf der Hochebene von Tignale gebucht, bei der 14 Gumpen (Wasserbecken) springend, rutschend oder abseilend zu überwinden sind. Für die nötige Ausrüstung ist gesorgt: Mitten auf dem öffentlichen **PARKPLATZ SABBIONERA** unterhalb von Piovere treffen wir uns und fahren gemeinsam weitere 5 Minuten hinauf zum Startpunkt der Tour. Dort verwandeln wir uns. Shorts und T-Shirts landen im Kleinbus, es quietscht und ploppt, als wir in die bereitgestellten **NEOPRENANZÜGE** schlüpfen. Thomas zurrt **CANYONING-GURTE** an den Hüften

UNTERWEGS MIT PLAN

SKYCLIMBER

Thomas Engels bringt Menschen gerne an ihre Grenzen. Seine Agentur bietet neben Canyoningtouren aller Schwierigkeitsgrade (zum Beispiel Anfängertouren für Familien mit Kindern ab 6 Jahren) auch geführte Mountainbike- und (Sport)Klettertouren an.

Via Dalco 3, 25010 Tremosine (BS), T (+39 348) 19 97 199. www.skyclimber.it

Näher an der Natur geht nicht!

fest, prüft den Sitz von **HELMEN UND KARABINERN** und schon geht's los.

Nach einer etwa 20-minütigen Wanderung durch unberührte Natur rutschen wir auf dem Hosenboden eine steile Felsrinne hinunter in ein schäumendes Becken. Beim ersten Kontakt mit dem **16 GRAD KALTEN WASSER** bleibt uns fast die Luft weg, schnell kraulen wir ein paar Züge, klettern tollpatschig hinaus und kraxeln bis zu einem großen Felsen. Dahinter geht es steil nach unten, 5 Meter vielleicht. **HIER HILFT NUR EIN SPRUNG.** In ein unbekanntes, glasklares Becken zu springen ist aufregend. Ist das Wasser auch wirklich tief genug? Wackeln die Steine, auf die wir treten müssen? Und wie glitschig sind die Felsplatten? Jetzt hilft nur Vertrauen in Thomas, der noch einmal daran erinnert, dass wir nicht springen müssen, wenn wir uns nicht trauen – wir sind schließlich auf einer Einsteigertour, und wer will, wird abgeseilt. Zwei Frauen sind schon gesprungen. Also eins, zwei, drei, die Augen starr geweitet – **UND PLATSCH!** Wir landen in einem tiefen Gumpen, tauchen wieder auf, Adrenalin schießt durch unsere Körper und wir prusten befreit los. Dieses Spiel wiederholt sich noch einige Male.

Nach zweieinhalb Stunden verlassen wir unversehrt die Schlucht, sind wie die anderen Teilnehmer geschafft und **GRINSEN ÜBER BEIDE OHREN**. Eine Euphorie macht sich in uns breit, einfach so. *Fantastico*, fantastisch!

Wasser erleben Sie beim Canyoning in seiner ganzen Vielfalt, und wildromantisch ist es auch.

ANSCHAUEN

Santuario della Madonna di Montecastello: Die Wallfahrtskirche aus dem 17. Jahrhundert klebt in knapp 700 Metern Höhe auf einem steilen Felsvorsprung, der zum See fast senkrecht abfällt. Spektakulär!

Località Montecastello,
25080 Tignale (BS).
www.tignale.org

ERLEBEN

Wandern hoch über dem Lago: Die Hochebene von Tignale (550 Meter) durchkreuzen zahlreiche markierte Wanderwege, teils mit phänomenalem Blick auf den Monte Baldo. Wanderkarten erhalten Sie zum Beispiel hier:

Im sehenswerten Besucherzentrum des Parco Alto Garda Bresciano:

Localitá Prabione,
25080 Tignale (BS),
T (+39 0365) 76 16 42.
www.museoparcoaltogarda.it

Oder im Tourismusbüro Tignale,
Via Europa 7, 25080 Tignale (BS),
T (+39 0365) 73 354.

~

Relaxen am Strand in Campione del Garda: Nirgends fallen die steilen Felswände dramatischer Richtung See ab als in Campione del Garda. Es liegt auf einer kleinen Landzunge und ist nur durch einen Tunnel oder per Schiff zu erreichen. Der Ort (10 Kilometer vom Parkplatz Sabbionera entfernt) ist ein Hotspot für (Kite-)Surfer, deren waghalsiges Treiben Sie auf einem schönen Kiesstrand mit Liegewiese beobachten können – oder, noch besser, Sie steigen selbst aufs Brett.

www.tremosinesulgarda.it

Entzückendes Museum, Eintritt frei!

MUSEO DEL TURISMO

Limone sul Garda

In Erinnerungen schwelgen

Reisen Sie mit in eine Zeit, als die ersten VW-Käfer und -Busse über den Brenner zuckelten, dem Sehnsuchtsziel Gardasee entgegen: Das wunderschöne Museo del Turismo erzählt anschaulich vom Beginn der deutsch-italienischen Freundschaft – bei freiem Eintritt.

Limone, von Einheimischen *Limù* genannt, ist malerisch: Pastellfarbene Häuser drängeln sich auf dem knappen Platz zwischen dem türkisblauen See und den schroffen Berghängen, die hier steil ins Wasser stürzen, an- und übereinander. Die Gassen der Altstadt sind schmal und blumengeschmückt, der **PORTO VECCHIO**, alte Hafen, ein Postkartenidyll und der lange Kiesstrand mit Schatten spendenden Pinien und Strandbar ein Traum. Das Städtchen zählt zu den Touristenhochburgen am See, das war allerdings nicht immer so, was ein Blick in das **MUSEO DEL TURISMO** zeigt.

In liebevoll eingerichteten Räumen (mit Seeblick!) erfahren Sie beim Studieren zahlreicher Bilder in Schwarz-Weiß etwa, dass Limone bis Ende der 1920er-Jahre vom Rest der Welt abgeschnitten und nur per Schiff oder durch einen beschwerlichen Fußmarsch zu erreichen war. Erst ab 1931 verband die **VIELGERÜHMTE GARDESANA OCCIDENTALE**, die Strada Statale SS45, Limone mit dem südlich gelegenen Gargnano und Riva del Garda im Norden. Über 70 Tunnel und Galerien mussten dafür in die Felswände gesprengt werden. Und in den 1950er-Jahren rollten sie plötzlich an, die **TOURISTEN – VOR ALLEM AUS DEUTSCHLAND**, getrieben von der **SEHNSUCHT NACH DEM DOLCE VITA**. Der erste Campingplatz, „il Garda", wurde eröffnet, zahlreiche weitere folgten.

Seit 2011 dokumentiert das Museum, untergebracht im ehemaligen Rathaus, auf zwei Stockwerken mit einer **HERRLICH NOSTALGISCHEN SAMMLUNG** die Entwicklung der Touristenströme am Gardasee. Zu den Ausstellungsobjekten zählen 1960er-Jahre-Plakate, historische Schiffspläne, Schwarz-

UNTERWEGS

MIT PLAN

MUSEO DEL TURISMO

Öffnungszeiten: April bis Oktober. Während der restlichen Monate nach Reservierung unter T (+39 0365) 95 40 08. Der Eintritt ist frei.

Lungolago Marconi, 25010 Limone sul Garda, T (+39 0365) 91 898.

~

TOURIST BÜRO

Via IV Novembre 29/L, 25010 Limone sul Garda (BS), T (+39 0365) 95 47 20. www.visitlimonesulgarda.com

Weiß-Fotografien von noch heute existierenden Hotels oder Campingplätzen, Emailwerbetafeln von Martini, Bitter Campari, Birra Peroni oder Lavazza Kaffee, Ansichtskarten, Zeitungsartikel und Reiseführer. Besonders hübsch sind das alte Eiswagen-Fahrrad, die historischen Registrierkassen und zwei auf Hochglanz polierte Vespas.

Heute lebt Limone fast ausschließlich vom Tourismus, im Hochsommer müssen Sie sich den Ort mit Tausenden Urlaubern teilen. Trotzdem hat sich das Städtchen seinen Charme bewahrt, abseits touristisch ausgetretener Pfade finden Sie noch verträumte Winkel, wie zum Beispiel auf dem wunderschönen Wanderweg **SENTIERO DEL SOLE** (Startpunkt Infopoint), der über den Dächern Limones durch Olivenhaine und Zypressenwäldchen führt.

Reklametafeln aus Email

Etwas Neues über die Tourismusgeschichte am Gardasee erfahren und dabei ein Museum kennenlernen, das jede Menge Charme und Nostalgie versprüht.

Malerisch: der alte Hafen von Limone

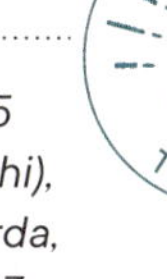

ERLEBEN

Über den See kreuzen: Vom Hafen in Limone legt die Autofähre ans Ostufer nach Malcesine ab. Nur zur Hauptsaison.

www.navigazionelaghi.it

ANSCHAUEN

Museo dei pescatori: Kleines, feines Museum zum Thema Fischfang. Highlight: *la bissa* (Dialekt), das typische Boot der Fischer aus Limone, das aufgrund seiner schlanken Form und Wendigkeit auch *biscia*, Schlange, genannt und im Stehen gerudert wird. Eintritt frei.

Via IV Novembre 25
(im Park der Villa Boghi),
25010 Limone sul Garda,
T (+39 0365) 91 89 87.

EINKAUFEN

Das Salami-Haus: Versteckt in einer Seitengasse der Altstadt hängt der Himmel voller Würste in köstlichen Variationen – mit Knoblauch, Rot- oder Weißwein, Fenchel, Trüffel, Wildschwein, Pfefferoni oder Pfeffer. Die Auswahl ist riesig, zum Glück darf man hier probieren!

Via Antonio Moro 14,
25010 Limone sul Garda (BS).

Alles Gelb, alles aus oder mit Zitronen

EIN MALERISCHER STADTBUMMEL

Limone sul Garda

ERFORSCHEN ERFAHREN

Eintauchen ins Sommerglück in Gelb

Zitronen spielten in Limone sul Garda einst eine Hauptrolle. Man könnte meinen, dass der Ort den sonnengelben Früchten sogar den Namen verdankt. Doch dieser Schein trügt. Das hat die Einheimischen aber nicht davon abgehalten, die Zitrone zu einem Wahrzeichen zu machen.

Besonders malerisch ist das beliebte Urlaubsstädtchen am autofreien Seeufer zwischen der breiten, von Palmen gesäumten Promenade Lungolago Marconi und dem verträumten **PORTO VECCHIO**, dem alten Hafen. Limone verdankt seinen Namen jedoch nicht, wie häufig vermutet, der **ZITRONE** – auf Italienisch heißt die Frucht *limone* –, sondern geht auf das lateinische *limes* (Grenze) zurück. Denn in Limone verlief einst die Grenze zwischen der Venezianischen Republik und Österreich. Im Gegensatz zur Riviera degli Olivi am Ostufer des Gardasees nennt sich die Westküste **RIVIERA DEI LIMONI** – wegen der zahlreichen Zitronen-Gewächshäuser, den sogenannten *limonaie* (→ Seite 183), die hier seit dem Mittelalter errichtet wurden.

Obwohl der Zitronenanbau in Limone längst keine Rolle mehr spielt, dreht sich im Ort alles um das saure Früchtchen. In den steilen verwinkelten Gassen der Altstadt leuchten Besuchern **AN ALLEN ECKEN UND ENDEN LIMONEN** entgegen: auf T-Shirts, Blusen, Tellern, Tassen, Schürzen, Kühlschrankmagneten und diversen Souvenirs. Die *limonesi*, Einheimischen, zaubern aus den Zitrusfrüchten Köstlichkeiten wie Bonbons, Biscotti, Zitronen- oder Limoncino-Gelato, Pralinen, Honig, Risotto al Limone, Pasta al Limone, Limoncino oder Olivenöl verfeinert mit Zitronenaroma. Selbst die weißen Keramik-Straßenschilder an den Häusern sind mit Zitrusfrüchten umrankt.

Zu Ruhm gelangte Limone, als **CESARE SIRTORI**, einem Professor aus Mailand, im

LIMONE SUL GARDA
Tourist Büro:
Via IV Novembre 29/L,
25010 Limone sul Garda (BS).
T (+39 0365) 95 47 20.
www.visitlimonesulgarda.com

Jahr 1979 bei einer Routineuntersuchung eines Einwohners etwas Ungewöhnliches auffiel: Der Mann hatte hohe Cholesterinwerte, obwohl seine Adern völlig sauber waren. Verwundert zapfte der Professor auch anderen Einwohnern von Limone Blut ab, was ihm den Namen *il vampiro*, **VAMPIR**, einbrachte, und entdeckte ein geheimnisvolles Eiweiß, das **APOLIPOPROTEIN A-1 MILANO.** Eine Art Wunderwaffe, die vor Herz-Kreislauf-Erkrankungen schützt. Dass dieses, kurz **APO A-1 MILANO PROTEIN** genannt, ausschließlich im Blut der Limoneser

Fruchtig: Zitronenlikör und Bonbons

Macht einfach fröhlich!

vorhanden ist, erklärte sich Cesare Sirtori mit der extrem isolierten Lage Limones, das erst mit der Eröffnung der Uferstraße Gardesana Occidentale im Jahr 1931 mit dem Rest der Welt verbunden wurde (→ Seite 191). Davor lebten die Limonesi bescheiden von dem, was die Natur hergab – Fischen, Oliven, Zitronen –, heirateten untereinander und vererbten so auch das Protein. Tatsächlich aber lebt man in Limone bis heute länger – vielleicht auch Dank der Zitronen.

Wenn das Leben dir Zitronen gibt, mach Limonade daraus – diesen Spruch nimmt man in Limone wörtlich.

EINKAUFEN

Alimentari el Botegher: Hübsch verpackte Liköre, verführerische Schokoladen, feinste Marmeladen, Seifen, Bonbons etc. aus Zitronen. Aber auch Risotti, Salami, Weine, Olivenöl oder Käse – Feinschmecker werden hier glücklich.

Piazza Garibaldi 1,
25010 Limone sul Garda (BS),
T (+39 0365) 95 43 04.
www.elbotegher.com

~

Al Vapur: Espressotässchen, Teller, Schalen, Krüge, Vasen, Besteck etc. bemalt mit knallgelben Zitronen fangen das Flair von Limone ein und versprühen gute Laune – ein ideales Mitbringsel für Daheimgebliebene.

Via Porta 21, 25010 Limone sul Garda (BS).

ANSCHAUEN

Hier wachsen sie noch, die Zitronen: Die schöne Limonaia del Castèl (17. Jahrhundert) mit kleinem Museum ist eine der wenigen Plantagen, die noch besichtigt werden können. Hier erfahren Sie (auch auf Deutsch) alles über den Zitronenanbau, der bis auf das 13. Jahrhundert zurückgeht.

Via IV Novembre 25,
25010 Limone sul Garda (BS),
T (+39 0365) 95 40 08.
www.visitlimonesulgarda.com

Einer der abenteuerlichsten Radwege der Welt

RADWEG GARDA BY BIKE

Limone sul Garda

Hoch über dem See schwebend radeln

In Limone wurde der erste Teil eines spektakulären Radweges eröffnet. Er führt an einer steil abfallenden Felswand entlang direkt über den See – eine abenteuerliche Strecke.

Radler können sich freuen: Der Gardasee bekommt einen neuen Radweg. „Garda by Bike“ heißt die von der italienischen Presse als **„SPEKTAKULÄRSTER RADWEG EUROPAS“** gefeierte Strecke. **140 KILOMETER** lang soll sie werden und den Lago einmal komplett umarmen. Ein waghalsiges Teilstück wurde im Juli 2018 zwischen Limone in der Lombardei und der Grenze zur Region Trentino eingeweiht. Wer sich auf diese Strecke wagt, sollte keine Angst vor **SCHWINDELERREGENDEN HÖHEN** haben, denn die *pista ciclabile*, der Radweg, schwebt am Rand einer fast senkrecht abfallenden Felswand hoch über dem See: links nackter Fels, rechts der Abgrund und traumhafte Blicke über den See.

AUSGANGSPUNKT der rund 8 Kilometer langen Radtour (Hin- und Rückfahrt) ist das Parkhaus an der Seepromenade in **LIMONE**, einem meiner **LIEBLINGSSTÄDTCHEN** (→ Seite 195). Durch die verwinkelten Gassen der Altstadt, die so schmal sind, dass kein Auto durchpasst, heißt es schieben (Bußgeldgefahr!). Doch bereits wenige Minuten später können Sie gemächlich losrollen. Planen Sie auf dem Weg einen kleinen Zwischenstopp ein und erklimmen Sie die blumengeschmückten Stufen hinauf zum **KIRCHLEIN DES HEILIGEN ROCCO** aus dem 16. Jahrhundert. Es wurde als Danksagung für die Verschonung von der Pest dem Schutzheiligen San Rocco geweiht. Der Ausblick von dem winzigen Vorplatz auf den Lago, die Ziegeldächer von Limone, den alten Hafen und die Kiesstrände ist herrlich.

Knappe 2 Kilometer später erreichen Sie den Ortsteil **CAPO REAMOL**, wo der spektakulärste Teil der Strecke startet. Hier

UNTERWEGS

MIT PLAN

GARDA BY BIKE

Der spektakuläre Teil des Radweges startet in Limone, Ortsteil Capo Reamol, in der Via IV Novembre 92, und endet an der Grenze zum Trentino, im Ortsteil Pescarol. Infos zu weiteren (Familien)Radwegen, Bike-Hotels und geführten Radtouren:

www.gardatrentino.it
www.visitgarda.com

~

RÄDER MIETEN

Mountain-, City- oder E-Bike-Verleih, auch Reparaturservice finden Sie im Bike Center Limone:

Via IV Novembre 29,
25010 Limone sul Garda (BS),
T (+39 338) 481 9562.
https://bike-center-limone.business.site

~

E-Bikes mieten können Sie beim großen Parkhaus an der Seepromenade.

muss man einfach **STEHEN BLEIBEN UND STAUNEN**: Unzählige Stahlpfosten stecken in den Felsen, die zum See hin schroff abfallen und das Gerüst für den Radweg bilden, der sich 2,5 Kilometer Richtung **RIVA DEL GARDA** windet. Der „Garda by Bike" verläuft parallel zur Küstenstraße, der sogenannten Gardesana, und ist auch für **FUSSGÄNGER** zugänglich. Deshalb **VORSICHT!** Sie sollten nicht nur die Schönheit und phänomenale Aussicht auf den glitzernden See und die Berge genießen, sondern auch den Gegenverkehr im Blick behalten, denn auf einer Wegbreite von nur 2,5 Metern kann es vor allem an den Wochenenden schon einmal eng werden. Besonders romantisch ist die Strecke **NACHTS**, wenn unzählige LED-Lichter mit Mond und Sternen um die Wette funkeln.

Die **ABENTEUERLICHE STRECKE** endet ziemlich abrupt direkt an der Gardesana im „Niemandsland". Auch wenn es von hier nach Riva del Garda nur rund 6 Kilometer sind, rate ich Ihnen von einer gefährlichen Radfahrt auf der stark befahrenen Uferstraße ab. Die meisten Biker drehen einfach wieder um, radeln zurück nach Limone – und hoffen auf die baldige Fertigstellung eines weiteren Teilstücks.

Für Fußgänger, die nur die letzten beiden spektakulären Kilometer des Radweges genießen möchten, stehen ab dem Parkhaus an der Uferpromenade von Limone Wägelchen der **TUK-TUK-TAXIS** zur Verfügung.

Aussicht mit Nervenkitzel: Auf dem luftigen „Garda by Bike" in die Pedale zu treten, ist ein kleines Abenteuer.

EINKAUFEN

Selbst gemachten Limoncino mitbringen: An Geschäften, die Produkte rund um die Zitronen anbieten, kommt in Limone kein Urlauber vorbei. Im Fra' Luca, der *fabbrica del limoncino*, wird der Zitronenlikör selbst gemacht. Außerhalb des Zentrums.

Strada Statale Via IV Novembre 29, 25010 Limone sul Garda (BS). www.elbotegher.com

GENIESSEN

Fein tafeln abseits des Trubels: Im Ristorante des kleinen Hotels Al Rio Se können Sie den Tag entspannt ausklingen lassen und auf der Terrasse mit Seeblick fangfrischen Fisch mit Tomatensauce, Oliven und Kapern oder hausgemachtes Zitronen-Gelato mit Prosecco genießen. Der Radweg führt hier vorbei.

Via Nova 12, 25010 Limone sul Garda (BS), T (+39 0365) 95 41 82. www.alriose.com

WEITERE T TIPPS

Radeln ins Blaue – das Leben kann so schön sein.

FN 55 633

ALLES AUF EINEN BLICK

QUELLEN & LESESTOFF

Die in diesem Reisebuch enthaltenen Geschichten habe ich vor allem vor Ort recherchiert. Viele Informationen finden Sie auch auf der Webseite für Tourismus am Gardasee, *www.visitgarda.com*, sowie in Broschüren der Tourist-Infos.

WEITERE LESETIPPS

Magazine

Lust auf Italien, www.lust-auf-italien.com. Jährliches Sonderheft über den Gardasee mit Reise-Tipps, Genuss, Wein und Rezepten.

Margit Kohl (Hg.): *Bildatlas Gardasee.* Dumont Reiseverlag, 2. Ausg., 2021. Spannende Geschichten rund um den See mit großformatigen Bildern.

Belletristik

Johann Wolfgang von Goethe: *Italienische Reise.* Vollständige Ausgabe beider Bände, mit zeitgenössischen Illustrationen. Nikol, 2017. Der Klassiker unter den Reisebüchern.

Elizabeth Horn: *Mord und Limoncello.* Servus, 2022. Wer hat einen deutschen Kriminalbeamten während seines Gardasee-Urlaubs erschossen?

Marta Donato: *Schnee am Gardasee.* edition tingeltangel, 2020. Eine spannende Mischung aus bayrischem und italienischem Lokalkolorit.

Reiseführer

Heinrich Bauregger: *Gardaseeberge.* Bergverlag Rother, 10. Aufl., 2019. 57 Wanderungen für jeden Wandertyp. Wanderführer, mit GPX-Tracks zum Download.

Barbara Schaefer: *DuMont direkt Reiseführer Gardasee.* Dumont, 2. Aufl., 2019.

Monika Kellermann/Udo Bernhart: *Gardasee. Zeit für das Beste.* Bruckmann, 2019.

Jochen Müssig: *Baedeker Reiseführer Gardasee*, Verona. Baedeker, 11. Aufl., 2018.

La guida Michelin Italia, Alberghi & Ristoranti. Michelin, 2021. Sprache: Italienisch

VIELEN DANK!

Mein spezieller Dank ergeht an Elisabeth Blasch, die mich bei diesem aufwendigen Projekt unermüdlich unterstützte und für meine Anregungen stets ein offenes Ohr hatte, sowie an Philipp Rissel für aufmunternde Worte und das Lektorat.

DIE AUTORIN

Beate Giacovelli verschlug es der Liebe wegen nach Italien. Seit 2003 lebt die gebürtige Österreicherin in der Lombardei – mit dem Gardasee als liebstes Ausflugsziel direkt vor der Haustür. Die Journalistin und Autorin schreibt Reiseführer und Reportagen (u. a. für „Alpe-Adria-Magazin – Reisen mit Genuss", „Lust auf Italien") über das Dolce Vita, die besten Adressen Italiens – und besonders gerne über weniger bekannte Urlaubsfreuden. Auf die Frage „Und was unternehmen wir morgen?" hat sie immer eine Antwort.

BILDNACHWEIS

Cover/S. 1 o. Adobe Stock/Comofoto; Cover/S. 1 u. Beate Giacovelli.

S. 2 Adobe Stock/LianeM; S. 5 r. o., 74, 84 Adobe Stock/Patrick Daxenbichler; S. 6 l. Adobe Stock/ah_fotobox; S. 6 r. © Archivio Fondazione Bardolino Top; S. 8 l. Adobe Stock/Harald; S. 8 r. Adobe Stock/SimoneGilioli; S. 18 o. © Foto Navigarda; S. 30 © Villa Feltrinelli; S. 33 © Courtesy Lido 84; S. 34 Adobe Stock/losonsky; S. 38, 40 © Jacopo Salvi; S. 42 (beide), 45 © Archivio Gruppo Dolomiti Energia; S. 46 © Cascata Varone; S. 50 (beide), 53 © Acetaia del Balsamico Trentino – Gourmet & Relax; S. 58 (beide), 60 © Omkafè; S. 62 u., 64 r. © Madonna delle Vittorie; S. 66 © SKYclimber – the outdoor fun specialist; S. 68 iStock/Getty Images Plus/Anita_Bonita; S. 76/77 Adobe Stock/SusaZoom; S. 90 © Ivo Marchesini; S. 94 iStock/Getty Images Plus/sack; S. 104 (beide), 106 © Archivio Fondazione Bardolino Top; S. 108, 110 © Parco Termale del Garda di Villa dei Cedri; S. 112 (beide), 115 © Gardaland; S. 118 Adobe Stock/pwmotion; S. 122 (beide), 124 © Terre del Garda Sirmione; S. 125 iStock/Getty Images Plus/peste65; S. 126, 129 © Società Solferino e San Martino; S. 139 (alle) © 2018 fotostudio Rapuzzi; S. 140/141 © Andrea Caiola; S. 144 u. © Frantoio Manestrini; S. 160, 162, 163 © Luca Ferrarini; S. 166 u. © Marco Beck Peccoz; S. 186, 188 © SKYclimber – the outdoor fun specialist; S. 198, 201 © Comune di Limone sul Garda; S. 207 Adriano Giacovelli.

Der Besuch der Limonaia La Malora (S. 183), der Isola del Garda (S. 23) und des Papiermuseums (S. 175) erfolgte mit freundlicher Unterstützung von MAGGIONI GRETZ GmbH, www.maggioni-gretz.de und www.visitbrescia.it.

Icons: Zitronen iStock/Getty Images Plus/greyj, alle übrigen iStock/Getty Images Plus/StudioU.

Alle übrigen Fotos: Beate Giacovelli.

HINWEIS

Informationen und Kontaktdaten wurden sorgfältig recherchiert und entsprechen dem aktuellen Stand bei Fertigstellung des Buches (Herbst 2021). Ein rascher Blick ins Internet sorgt – gerade in Zeiten der Corona-Pandemie – vor dem Aufbruch dafür, dass ein Ausflug sicher gelingt.

Für Aktivitäten in Zusammenhang mit diesem Buch kann von Autorin und Verlag keine Haftung übernommen werden.

Wir alle reisen gerne! Nur im Sinne der besseren Lesbarkeit verwenden wir im Buch das generische Maskulinum.

STYRIA
BUCHVERLAGE

ISBN 978-3-222-13686-3

Bücher aus der Verlagsgruppe Styria gibt es in jeder Buchhandlung und im Online-Shop www.styriabooks.at

Buch- & Covergestaltung:
Jefferson & Högerle, jefferson-hoegerle.com
Lektorat: Philipp Rissel
Konzept & Projektleitung: Elisabeth Blasch
Herstellungsleitung: Maria Schuster

Druck und Bindung: Finidr
7 6 5 4 3 2 1
Printed in the EU

Hat Ihnen dieses Buch gefallen? Dann freuen wir uns über Ihre Weiterempfehlung. Erzählen Sie davon im Freundeskreis, berichten Sie Ihrem Buchhändler oder bewerten Sie beim Onlinekauf.

Wünschen Sie weitere Informationen? Möchten Sie mit unserer Autorin in Kontakt treten? Wir freuen uns auf Austausch und Anregung unter **leserstimme@styriabooks.at**

Inspiration, Geschenkideen und gute Geschichten finden Sie auf **www.styriabooks.at**